U0070373

駱駝・獅子・小孩

The Stages
of
Our Spiritual Journey

肯尼斯・霍布尼克博士（Kenneth Wapnick, Ph. D.）◎著

林妍蓁　若水◎合譯

《奇蹟課程》國際通用章節代碼

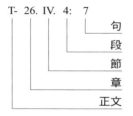

T- 26. IV. 4: 7
　　　　　　└ 句
　　　　└ 段
　　└ 節
　└ 章
└ 正文

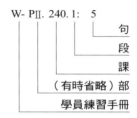

W- PⅡ. 240. 1: 5
　　　　　　　└ 句
　　　　　└ 段
　　　└ 課
　└ （有時省略）部
└ 學員練習手冊

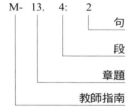

M- 13. 4: 2
　　　　　└ 句
　　　└ 段
　└ 章題
└ 教師指南

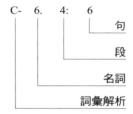

C- 6. 4: 6
　　　　　└ 句
　　　└ 段
　└ 名詞
└ 詞彙解析

T → 正文
W → 學員練習手冊
M → 教師指南
C → 詞彙解析
P → 心理治療——目的、過程與行業
S → 頌禱——祈禱、寬恕與療癒

目　次

寫在「肯恩實修系列」之前

若水

（一）

　　《奇蹟課程》的筆錄者海倫與此書的愛恨情結，已是眾所周知的事。因她深曉這套訊息的終極要旨，也明白自己一旦接納了這一思想體系，她的小我，連帶積怨已深的怒氣，就再也沒有存活的餘地了。因此《奇蹟課程》出現一個很怪異的現象，它的筆錄者千方百計想與它劃清界線，直到肯恩（肯尼斯）的出現，才把海倫又拉回《奇蹟課程》的身邊。

　　肯恩是海倫與比爾的密友，由於互動頻繁，比爾乾脆在辦公室為肯恩添置一張辦公桌，可見他們交往之密。

　　肯恩一接觸《奇蹟課程》，如獲至寶，他反覆地研讀，凡遇不明處，必一一請教海倫。他深覺這份龐大的資料，有重新編校的必要，因它不僅夾雜著私人的

對話，許多章節標題與內文也不相符，全書的體例和格式，如標點、大小寫、段落等等，乃至於專門術語的用詞，每每前後不一。比爾與海倫也深有此感，只是比爾生性不喜校訂工作的繁瑣，這工程便落在海倫與肯恩身上。主事者自然是海倫，即使是大小寫的選擇，或詞句的還原（海倫筆錄的初期曾故意改掉她不喜歡的詞彙，但她也很清楚自己擅自改動的部分），都有待海倫與「那聲音」確認後才能定案。

（二）

比爾曾說，海倫筆錄時的心態有顯著的「解離症狀」（dissociation），她內心的「正念」部分十分清楚「那聲音」所傳授的訊息，筆錄內容才會如此純正，不夾雜個人的好惡傾向（當然，除了她早期的抵制手法以外），但她的「妄念」部分也堅守防線，且以各種奇怪的方式，不允許自己學習這套《課程》。肯恩在海倫的傳記中提到當時的有趣情景：

> 我們常常窩在她家客廳的沙發上進行校訂，海倫總有辦法陷入昏睡，每當討論到一半時，我

向左邊一瞧，海倫已經倒在沙發的另一角了，她一向警覺的大眼睛閉得緊緊的。在她陷入昏睡前，她還會哈欠連連，下頜骨開開合合，頻繁到讓她說不出話來。又有好幾次校訂時，她開始咳嗽，咳得又兇又急，喉嚨好似有什麼異物，想吐卻吐不出來。碰到這類情形，海倫就會放聲大笑，笑得眼淚都流出來，她很清楚這是小我的抗拒。我們就在哭哭笑笑、咳嗽哈欠的交響樂中繼續修訂的工作。（暫別永福/暫譯 P.361）

海倫的心靈，在某一層次，當然了解那聲音所傳的訊息，但她的小我真的不想知道。她偶爾會這樣向肯恩耍賴：

在校訂過程中，每隔一陣子，海倫就會故意裝傻。當我們唸完一段比較艱深的文句後，海倫就會大笑，聲稱她完全不懂這一段話究竟在講什麼。我只好一句一句地解釋，我突然發覺自己落入一種相當荒謬的處境：我竟然在向一位心裡其實比任何人都清楚這部《課程》的

人解釋此書的深意。**而我講解《奇蹟課程》的生涯，可說是從這一刻開始的**。（暫別永福 P.361）

自這一刻起，肯恩開始了他講授《奇蹟課程》的生涯，四十年如一日，同一形式，同一內涵，同一個小小基金會，從無擴張之圖，更無意行腳天下，他只是默默地履行他對耶穌的許諾。

由於早期的奇蹟學員多數都有自己的專業或信仰，他們往往習慣把《奇蹟課程》融入個人本有的思想體系。唯有肯恩，毫不妥協地堅守《奇蹟課程》最純淨且究竟的理念，修正當時所流行的各種詮釋；於此，他實有不得已的苦衷。因為海倫當年認為，這套思想體系如此究竟又絕對，可說是推翻了一切人間幻相，根本不適合大眾閱讀；在她心目中，此書只是給他們五六個人的。沒想到，此書一到了裘麗（Judy Whitson）手中，就如野火一般，瞬即燃燒出去。海倫曾跟裘麗說：「**這部書將來會被傳誦、解說成令你簡直辨認不出這是《奇蹟課程》的地步。**」為此，那批元老曾想成立「死硬派核心團體」（hard core group），忠實傳達《奇蹟課程》

的核心理念，絕不為了迎合大眾的需求而將它摻水、軟化，任它淪為人人都能接受的「方便法門」。然而，海倫本人從心底害怕這套思想體系，比爾當時又有個人的難言之隱，兩人都拒絕扮演奇蹟教師或專家的角色；最後，肩起這一重任的，唯獨肯恩。

（三）

肯恩的教學特色就是「用《奇蹟課程》的話來詮釋《奇蹟課程》」。他最多只會引用自己喜愛的佛洛伊德、尼采、貝多芬作為開講的楔子，一進入理念的層次，就全部引用原書作為實證。不論學員問哪一層次的問題，他只有一個答覆，就是「**讓我們看看《奇蹟課程》是怎麼說的**」，基於他博聞強記的能力，他會隨口告訴你，「請翻看第幾頁第幾段」。

肯恩從小就有口吃的毛病，然而他絲毫不受語言的障礙，謙和而誠懇地從三十多歲的青年講到如今的白髮蒼蒼，終於折服了各據山頭的奇蹟群雄，成為眾所公認的奇蹟泰斗。

綜觀肯恩的學說，四十年來反覆闡述的，其實只有

這一套理念：

　　——問題不在外面！金錢不是問題，性慾也不是問題，你的親子關係或親密關係更不是問題，因為你眼中的世界根本就不是真的，只是你編織的夢境而已。

　　——過去的創傷不是問題，未來的憂懼也不是問題，因為時間根本就不存在，那是小我向你心靈撒下的瞞天過海的大網。

　　——你若一味向外尋求答案，或把問題推到過去未來，你便徹底錯失了此生的目的。但請記住，這不是罪，你只是「懂錯了」，你最多只會為它多受一些無謂之苦而已。

　　肯恩的解決之道也說不上是什麼「妙」法，他只是藉由不同事例而重申《奇蹟課程》：「觀看、等待、不評判」的原則。

　　——只要我們不再害怕面對自己內在的兇手（小我），以耶穌的慈愛眼光諒解小我「不得已」的苦衷，便不難看清它的防衛措施下面所隱藏的真相。於是，作繭自縛、自虐自苦的傾向自然鬆解，我們便有了「重新

選擇」的餘地。

　　——然而，很少人真有勇氣面對自己隱藏在無辜面容背後的兇手，這是人們最難跨越的心障。

　　肯恩花了整整四十年的光陰，就是教我們如何去「看」而已。這一道理雖然不難明白，但人心豈肯僅僅「觀看、等待、不評判」！這一解決方案可說是把小我逼入了絕路，它是寧受百千萬劫之苦也無法接受這種「出路」的。為此，肯恩繼續苦口婆心地講下去，直到有一天，我們豁然領悟，《奇蹟課程》的奇蹟原來是在「寧靜無作」中生出的。

（四）

　　正因肯恩學說毫不妥協的精神與一成不變的形式，過去這些年，奇蹟資訊中心也不敢貿然出版他的書。於是，我先嘗試以研習的方式，把他的思想架構圖介紹給學員，再逐步出版一些導讀與傳奇故事，為肯恩的書籍鋪路。在這同時，我也展開培訓奇蹟譯者的計畫，從肯恩的簡短問答下手，讓資深學員熟悉他的邏輯理念與風格，「奇蹟課程中文網站」的內涵也因此而更加充實齊

備。經過多年的準備，奇蹟讀者終於食髓知味，期待讀到肯恩書籍的呼聲也愈來愈高了。

而，我們也準備好了。

肯恩將他所有書籍的中文版權都託付給我與奇蹟資訊中心，我們也兢兢業業地肩起他的託付，我逐步邀請學養兼備的奇蹟學員與我攜手合作，藉由翻譯的機會（形式），學習寬恕（內涵），在相互修正的微妙互動中，化解小我視為命根子的特殊性。我們只有一個「共通的理想」，就是把原本只是演講的記錄，提升為精確又流暢的中文作品。而我敢驕傲地說，我們做到了，譯文的文字水平甚至超過了原書。

我常說，當學生準備好時，老師便出現了。在此感謝所有華文譯者與讀者，是你們多年來在自己心靈上的耕耘，促成了這套「肯恩實修系列」的問世因緣，使奇蹟理念得以以它最純粹、最直接，也最具體的形式呈現在我們的眼前。

（若水誌於星塵軒 2012.5）

前　言

　　本書內容出自2004年舉辦的研習，當年我們將研習主題簡單地訂為「三段蛻變」，但在錄音製成CD發行時，標題擴增為「『三段蛻變』：談尼采、奇蹟課程以及靈性之旅的發展階段」；直到成書之際，又回頭簡化為「靈性之旅的發展階段」〔譯註一〕，並把它列入「奇蹟課程實修系列」〔譯註二〕之中。簡言之，這本書要討論的是這趟歸鄉之旅所經歷的幾個階段，我們會以尼采的精彩寓言（請見附錄一）作為全書的基本架構。至於各階段的細節，等到進入實際討論的那幾章時，我再詳加論述。

〔譯註一〕原文書名為 " *The Stages of Our Spiritual Journey* "，中譯本直接採用《駱駝・獅子・小孩》為書名，以凸顯全書論述的三個轉化階段。
〔譯註二〕即是奇蹟資訊中心所陸續出版的「肯恩實修系列」。

　　整部《奇蹟課程》所強調的，乃是真理的非二元本質，那是一種無限、永恆，而且超越時空範疇的境界（也就是小我分裂幻相的反面寫照）（T-26.VIII.1:3~5）。然而，《課程》同時也教導我們，這趟旅程發生在時間之內，具有一個**過程**。換言之，我們不能直接從幻相跳脫到真相，必須透過「一小步又一小步」（W-193.13:7）的前進，才能逐漸邁向最終目標。無獨有偶，尼采的「三段蛻變」，從駱駝蛻變為獅子，再從獅子變成小孩，這一轉化過程恰恰反映出靈性發展的整個進程。因此，我以這則寓言作為全書的架構，幫助奇蹟學員更深入體會寬恕的過程，對這趟靈性旅程有一全面的認識。由衷企盼，當大家在化解分裂與特殊性的小我思想體系而陷入苦戰之際，這本書可以鼓舞各位勇往前進，並且充滿希望。

　　按照慣例，為了方便閱讀，我們將研習錄音的文字稿重新作了一番編輯，與本書主題無關的問答一概刪除，保留下來的部分內容，經過重新組合再安插到適當的段落裡。另外，研習現場那種輕鬆自在的討論氛圍，我們也希望盡可能地保留在書中。

　　最後順便一提，本書的「附錄」除了尼采的寓言之外，我把書中論及的另外兩篇作品：海倫·舒曼的詩作〈頌禱耶穌〉，以及〈教師指南〉的「信賴的形成」，也一併收錄其中。

誌　謝

　　首先要感謝的是基金會出版部主任羅玫莉（Rosemarie LoSasso）女士的貢獻，她從研習一開始的籌備，到本書的策畫以及出版過程中的付出和指導，在此，我要向她致上最深的謝意。另外，內人葛洛莉在編輯環節的畫龍點睛，一如往常地為書本的可讀性增色不少，同樣功不可沒，反映出她長期在我的生活和工作中，成為靈感的泉源。我對她的綿綿愛意與感激之情，已經超越了所有的「階段」，直抵天堂。

第一章　尼采簡介

　　顧名思義，本書的要旨就是探討靈性旅程的幾個
發展階段。全書借用德國哲學家弗里德里希‧尼采
（Friedrich Nietzsche）的代表作《查拉圖斯特拉如是說》
裡的「三段蛻變」這一節，作為討論的主軸。之所以如
此安排，我的理由有二，首先，純粹是個人因素。我一
向傾慕尼采的清晰洞見和文學風格，故想藉此機會為大
家引薦他的學說。第二個（也是更重要的）原因是，尼
采的寓言提綱挈領地勾勒出靈性的發展過程，和《奇蹟
課程》的觀點，可謂若合符節。他的著作不但有助於增
進奇蹟學員在心理學、哲學與靈性等領域的了解，即使
只對《課程》一知半解的讀者，也能從中得到莫大啟
發。它會打開奇蹟學員的眼界，在《課程》問世之前，
諸多古聖先賢的教誨中早已提出類似的真知灼見，有些
洞見甚至流傳了好幾千年。換言之，《課程》與古老的
悠遠傳承基本上是一脈相通的，而非憑空乍現的獨門智

慧。因此，對奇蹟理念有一定程度的了解之後，再來閱讀這位十九世紀天才的作品，我們必會為他的珍稀智慧讚嘆不已。

　　佛洛伊德曾經說過，尼采的自我剖析以及對自我了解之透徹深刻，堪稱前無古人後無來者。尼采的成就最早正是由自我分析起家的，能夠獲得精神分析之父如此非比尋常的評價，實屬難能可貴。佛洛伊德的年紀比尼采小上一輪，年輕時曾大量涉獵尼采的著作，之後便決定束之高閣。用佛洛伊德自己的話來說，就是尼采「太豐富」了。因為佛洛伊德發現，尼采把自己當年冥冥中的直覺早已抒發得這麼淋漓盡致。另外，佛洛伊德也體認到，縱然他們可能推衍出相同結論，但他必須尊重自己的過程，過度深入尼采反倒會受到干擾。正因為有此體悟，佛洛伊德後來才能走出屬於自己的路，開展出精神分析學。由這些過往軼事，我們便可清楚得知，儘管佛洛伊德對尼采推崇備至，但他對尼采學說其實未曾真正深入。耐人尋味的是，在1907年（或1908年）所舉行的精神分析大會中，有好幾場是以尼采思想為主的專題研討會，其中一場還安排由佛洛伊德來評論這位自己的日耳曼前輩。

　　在佛洛伊德的精神分析學裡，有一個關鍵概念 id，意思是「無意識」。這個詞是佛洛伊德間接從年輕同事喬治・果代克（Georg Groddeck）那兒學來的，而真正的創發者其實是尼采。尼采寫過一些關於無意識的文章，並稱之為**它**（It），德文是 Es。尼采所描述的無意識和佛洛伊德的講法極其相似——狂野、不羈、左右我們生命的一股勢能（force）。佛洛伊德的著作翻譯成英文時，譯者並未將 Es 譯為 It，而是用拉丁文 id，據說就是要讓精神分析學看起來更科學一些。

　　事實上，尼采帶來的影響極其廣泛而且相當深遠，不僅是佛洛伊德，歷來受尼采啟發的人不計其數，尼采也因此被尊為存在主義之父。1960 至 1970 年間的顯學、時至今日仍常聽到的「上帝已死」之說，正是出自尼采之口。

　　現在，為大家介紹一下尼采的簡要生平。尼采生於 1844 年，卒於 1900 年，他的父親以及祖先幾代都是路德教派的牧師。尼采四五歲時喪父，但在父親和家族傳統的潛移默化下，他早年不僅信仰虔誠，也潛心研究過神學。從各種資料顯示，他是一個非常乖巧聽話的小孩，從來不會違逆大人的意思。這種絕對服從的特質，

由底下的小故事可以一窺端倪。尼采曾經上過一所校風嚴謹的私立學校，校方要求學生，上下學途中必須按照某種特定的節奏，徐徐穩穩地踏步前進。某一天，突然下了一場雷陣雨，當時學生正好都在放學返家路上，我們這位小朋友竟不慌不忙地在雨中踩踏著規定的步伐，既沒有加快速度或轉為小跑步，也不曾尋找遮風躲雨之處，回到家時已經淋成落湯雞。尼采對校規唯命是從的態度，由此可見一斑。然而，這類行為模式與他日後種種驚世駭俗的言行舉措，剛好形成了極其強烈的反差與對比。

由於父親早逝，尼采是由母親和兩位阿姨撫養長大的。才華橫溢的他被送進一所學校專攻神學和語言學（也就是研究傳統經典）。不過，他很快就放棄了神學，而且終其一生不遺餘力地批評基督教以及組織井然的宗教。尼采認為，宗教會敗壞人們的道德，害他們屈於劣勢。他甚至還說過，牧師本身就是弱者，只能帶領比自己更弱的人。

尼采的德文造詣十分高超。自柏拉圖以來，能寫出雅俗共賞、雋永耐讀作品的哲學家寥寥可數，而研究尼采的偉大學者與翻譯家瓦爾特・考夫曼（Walter

Kaufmann）〔譯註〕認為，尼采就是碩果僅存的一位，他的作品不像亞里斯多德、黑格爾、康德那般晦澀艱深，讓人敬而遠之。尼采經常以格言體寫作，他的作品充滿了各種箴言、對話、寓言、比喻和故事，所以，就算讀者不具備相關的專業知識（尼采憎惡智力主義），仍然可以閱讀無礙。順道一提，也正因為這個緣故，學術界從來不把尼采歸類為純粹的哲學家。

　　語言學是尼采的主修，他以二十四歲之齡便獲得博士學位，這在當年，可說是破天荒的大事。他馬上就受聘成為瑞士巴塞爾大學的語言學教授。不久之後，尼采結識了和自己父親同年的華格納，兩人的友誼約莫維持了十年，他將這位偉大作曲家視同自己的再生父母，也成了華氏音樂劇的頭號粉絲。值得留意的是，學生時代的尼采曾經寫過幾首曲子，可惜沒有一首流傳下來。在尼采心目中，華格納是德國文化的希望，對他敬重萬分；不過，後來他自己又推翻了這一立場。

　　尼采的第一部重要作品是《悲劇的誕生》（1872年），對世人影響極為深遠。尼采認為悲劇是一種藝術

〔譯註〕瓦爾特・考夫曼（1921～1980），美國哲學家，研究尼采的著名學者，也是英語世界最重要的尼采譯者。

形式，他對古希臘人（包括蘇格拉底和柏拉圖）過度重視理性而忽略生命情感面的作風，十分不以為然。尼采採用著名德國詩人席勒（Friedrich Schiller）的二分法，以太陽神阿波羅（Apollo）代表智力和邏輯，酒神戴奧尼索斯（Dionysus）代表本能和情感。尼采認為希臘人的個性承繼過多阿波羅的特質，而華格納讓悲劇復活，令戴奧尼索斯情感得以重生。

到了三十歲左右，尼采和華格納亦師亦友的情誼開始出現裂痕。部分原因是尼采覺得華格納已經屈就於基督教信仰。儘管這並非事實，但尼采卻如此認定。其實，兩人的決裂不如說是出於更深的心結。華格納認為一個門派裡只許出一位天才，他無法忍受尼采這位英才天縱的「兒子」。在那種令人窒息的氛圍下，逼得尼采不得不轉身逃離。然而，即使兩人斷絕了關係，尼采終其一生對華格納的評論從未間斷，褒揚貶抑皆有之；儘管如此，他始終是華氏音樂的擁戴者。

尼采的主要著作還包括《善惡的彼岸》（1886年）、《道德譜系學》（1887年），以及《華格納事件》（1888年），最後則是《瞧！這個人》，尼采在這本書中回顧且評論了自己所有的作品。《瞧！這個人》寫於1888

年，但直到尼采過世多年後的1908年才正式發表。這個書名出自〈約翰福音〉，猶太行省的總督彼拉多在法庭上指控耶穌時所說的：「瞧！這個人（Ecce homo）」。尼采從不把耶穌放在眼裡，也不承認耶穌在聖經中的地位，他只是借這句話當作書名，顯然「這個人」指的不是耶穌，而是**他自己**。

　　向來體弱多病的尼采，長年承受著病痛的折磨，過得十分辛苦。他患有嚴重的偏頭痛，連帶影響到視力。醫生告訴他，犯病時一天不要工作超過一個小時，但他總是不聽勸誡，熬上十來個鐘頭閱讀與寫作更是家常便飯。尼采和《查拉圖斯特拉如是說》的主角英雄所見略同，他們十分肯定受苦與不否認痛苦的重要性，認為這樣才能激起超越痛苦的動力。不消說，查拉圖斯特拉正是尼采的小我之化身，也是他不折不扣的代言人。

　　1889年，尼采在義大利杜林市的街頭昏倒，沒多久便發瘋了。從發病到過世的十一年間，再也無法寫出任何作品。尼采生病期間先是和母親同住，母親往生之後，由妹妹伊麗莎白接手照顧，直到他1900年辭世為止。關於他發瘋的原因有多種說法，而學者認為最合理的是梅毒引起的。尼采曾在學生時代去過妓院，可能就

是在那兒染病的。未接受治療的梅毒，潛伏期很長，一拖可能好些年。梅毒對身體造成的損害，終於在1889年讓尼采陷入了瘋狂。

尼采發病後，妹妹伊麗莎白接收了哥哥的全部作品，也成為後來整個出版過程的主導者。伊麗莎白本身是一位原始納粹份子（也就是在國家社會主義出現之前即已支持這個理念）。由於伊麗莎白認同「雅利安人是高貴種族」之說，她便利用哥哥的著作來支持自己的信仰，致使尼采學說遭到一連串的嚴重扭曲，包括納粹黨認定尼采與自己英雄所見略同，因而廣泛引用他的學說，但其實他們全都誤解了尼采的本意。一切問題的關鍵，就出在擁有尼采**全套作品**的伊麗莎白身上。出版過程中，她不僅依照個人好惡「去蕪存菁」，還恣意竄改了許多重要概念，重新編輯之後才出書，難怪後來衍生一堆的誤會。伊麗莎白可說是扭曲尼采的始作俑者。

直到多年後尼采的手稿重見天日，人們才發現尼采的主張根本不是伊麗莎白說的那回事。以《查拉圖斯特拉如是說》的關鍵概念「超人」為例，尼采原意為**超越之人** overman，超人的德文原文是 Übermensch（über意為「超越」，mensch是「人」）。這個「超人」類似

《奇蹟課程》所稱的「資深上主之師」〔原註〕，也就是能夠超越動物、人類甚至超越身體的人。雖然，尼采的「超人」尚未觸及《課程》說的那種認清肉體虛幻本質的程度，但已經不再受世界種種習俗和價值觀的禁錮了。沒想到，這一至關重要的概念卻被伊麗莎白曲解為**超級之人**superman，藉以支持納粹的優秀人種之主張，早期許多英語版本甚至也真的將Übermensch翻譯為superman。然而，尼采的本意相當明確，他把Übermensch與unter作一對比，一個往上超越，一個往下沉淪，比如他說，當你「往下走」時，你就進入了世界。尼采很喜歡玩這類「下對上、unter對über」的文字遊戲，無論如何，他壓根沒有半點**超級**super的意思。

尼采學說中還有一個重要概念，就是「強力意志」（the will to power），指的是讓我們可以蛻變為**超人**的那股心靈力量。無可倖免地，這個重要概念也遭到伊麗莎白竄改，變成了強化物質、軍事力量或鍛鍊強大體力這類東西，甚至被納粹拿來當成他們的口號。這類的錯誤詮釋，一度導致世人對尼采負評連連。事實上，尼采是極富深刻底蘊的思想家，他的論述與洞見，務必要從心

〔原註〕參見M-4.1:6; 2:2; M-4.VI.1:6; M-16.1:1; 9:5。

靈或靈性層次來理解，才可能直扣精髓。這一點，等我
們進入「三段蛻變」的討論時，會看得更加清晰。

　　對那個時代的人而言，尼采的作品著實難以消受，
因此印製數量並不多，一直到他過世之後，他的學說才
逐漸受到重視和欣賞。甚至還得等到史蒂芬‧褚威格
（Stephen Zweig）〔譯註一〕這般的文學泰斗才有能力慧眼
識英雄。褚威格和湯瑪斯‧曼（Thomas Mann）〔譯註二〕
生於同一時代，他本人就是一位「尼采學者」。

〔譯註一〕史蒂芬‧褚威格（1881~1943），著名奧地利猶太裔作家。中
　　　　　短篇小說巨匠。
〔譯註二〕湯瑪斯‧曼（1875~1955），德國作家，1929年獲得諾貝爾文
　　　　　學獎。

第二章　靈性的發展階段：導言

　　本章開始介紹尼采最廣為人知的著作《查拉圖斯特拉如是說》，以及其中的「三段蛻變」〔原註〕這一節。書中主角查拉圖斯特拉（西元前628～551）是一位偉大且富有遠見的波斯先知，他的思想在西亞一代盛行一時，直到西元650年左右才逐漸式微，然而時至今日，仍有數千名信徒分布在印度和其他亞洲地區。事實上，世人對查拉圖斯特拉的生平所知不多，只知他建立了瑣羅亞斯德教（希臘文Zarathrustra）〔譯註〕。這個教派主張人間的善與惡都確實存在，而且善的一方終將獲勝，堪稱世上最明確的二元學說了。尼采希望找一位古代精神領袖作為這本書的代言人，但他看不上耶穌，因為耶穌一事無成又早逝，更別提基督教打造成的那種偶

〔原註〕所有引文均出自瓦爾特・考夫曼的英譯本（維京企鵝出版社，1954年）。
〔譯註〕又稱祆教、拜火教。

像了。相較之下，查拉圖斯特拉比較平易近人。無論如何，尼采只是借名而用，並非支持這個教派的觀點。《查拉圖斯特拉如是說》全書包含四個部分，前三部大約在一年之內完成，分別在1883年和1884年相繼發表，每一部只花了十來天，充分呈現出尼采不可思議的創作能量。至於1885年完成的第四部分，一直到1892年才公諸於世。

接下來，我概略評論一下《查拉圖斯特拉如是說》的幾段內容。除了讓大家一窺尼采學說與《奇蹟課程》不約而同的洞見，也為後續的討論先行暖個身。

倘若你們有仇敵，千萬不要以德報怨，因為這樣會使他感到恥辱的。反之，你們要證明他做的事對你們有好處。

這段話若由〈正文〉「修正錯誤」（T-9.III）那一節的觀點來看，就不難懂了。尼采認為，即使弟兄真的犯了世間定義下的錯誤，我們也無需證明他有錯，反而要向他證明，他做的那些事情其實對我們有好處。因為不管別人對我們做了或沒做什麼，都是我們寬恕自己的機會，這正是奇蹟觀點所謂的「好處」。若能領悟這

一道理，當我們遭受攻擊或侮辱時，就不會想要以眼還眼了，甚至連以德報怨也嫌多此一舉。我們決定讓對方知道他沒有錯，正因為他和我們同樣是上主之子。就這樣，攻擊在慧眼下搖身一變，成了我們認出這一美好真相的助緣。

查拉圖斯特拉緊接著說：

承認自己的錯誤，比堅持自己正確更為高尚——尤其是當自己並未犯錯時。唯有夠富足的人，才可能辦得到。

換言之，一個人如果內心豐盛富足（也就是已經了知自己本來圓滿），即使他在某些事上完全正確，他還是可以承認自己也許錯了。這讓我們聯想起《課程》相當經典的這句話：

你寧願自己是對的，還是寧願自己幸福？（T-29.VII.1:9）

其實，尼采這本書前面還有一段更精彩的說法，和〈正文〉「超越戰場之上」（T-23.IV）這一節的教誨完全不謀而合：只要回到自己的心靈，與耶穌或聖靈一起回看世界，眼前一切就會煥然一新。尼采的代言人查拉

圖斯特拉是這麼說的：

我不再與你們有同樣的感覺了：我所看到的，在我底下
的這片雲，我笑看著它的黑暗和沉重——那正是你們雷
電交加的罩頂烏雲。

當你們渴求提升時，便抬頭仰望。而我卻低頭俯視，只
因我已升至高處。你們當中，有誰能夠在笑的同時又能
拔升？凡攀登到山頂的人，面對一切悲苦的假戲與嚴
肅，只會一笑置之。

　　查拉圖斯特拉告訴讀者，世界在他們眼裡或許是不
祥之雲，然而他已經來到雲層之上，只會對腳下的烏雲
一笑置之。儘管表達方式略有差異，我們仍不難看出尼
采這段話和「超越戰場之上」的意涵完全相通。耶穌
在「超越戰場之上」這一節中也說，只要我們還在世界
層次裡與小我思想體系認同，只要我們尚未提升到心靈
層次（也就是耶穌所在的層次），我們必然會將一切事
物看得無比嚴重。唯有把自己提升到雲層之上，往下俯
視，我們才會恍然明白，事實並非表相所見這般，自
然也就「面對一切悲苦的假戲與嚴肅，只會一笑置之」
了。尼采作品中處處可見這類發人深省的洞察力，難怪

在眾多心理專業或非心理專業的思想家中，佛洛伊德會獨鍾尼采，還給予他極為崇高的評價。

《查拉圖斯特拉如是說》和尼采其他著作一樣，都不是嚴肅的哲學論述。整本書以寓言式的筆法，從「前言」便開始建構整個故事舞台。話說主人翁查拉圖斯特拉，三十歲那年離開了故鄉，獨自隱入山林，在十年山居歲月中領悟出不少洞見。順道一提，這個主人翁顯然是個境界頗高的老靈魂，懂得比一般凡夫俗子多得多，但儘管如此，他仍未達到靈性的最高境界。因此，不妨將他比作《課程》裡的資深上主之師。毋庸贅言，這位主角所反映的，正是作者本人的心境。

查拉圖斯特拉結束隱居生活後，重返紅塵，開始傳授**超人**之說。尼采用**超人**這個詞彙來指稱已具某種悟境之人（資深上主之師）。查拉圖斯特拉下山之後，有一天在旅途中目睹了一場意外事故：一位鋼索表演者在演出中不慎失足，正好跌落在查拉圖斯特拉腳邊，最後傷重不治。查拉圖斯特拉認為自己對死者有責任，必須給予妥善的安葬，於是他揹起屍體，走了好幾里路，終於找到一處樹洞把死者埋了進去。打理妥當之後他有感而發：「我突然靈光一現：我需要的同伴是活生生的人，

不是這種我得扛著走的死屍。」這段感嘆頗具象徵性，
意思是要我們活在當下，無需揹負著有如死屍般的過去
來度日，如同〈練習手冊〉說的：

今天，靜下心來聆聽真理吧！縱然死亡之音告
訴你他們已找到了生命之源，並想傳給你他們
那套信念，千萬別受蒙蔽。也別理睬他們；你
只聆聽真理。（W-106.2:2~4）

查拉圖斯特拉把死者安頓好，便往下一個村莊前
進，「前言」也到此結束。這位老師抵達村莊後，就開
始傳授著名的「三段蛻變」。所謂的三段蛻變，指的是
靈性生命演化的三個階段：**駱駝**、**獅子**和**小孩**。尼采不
斷重複這三個階段，據此開展《查拉圖斯特拉如是說》
全書的四大部分。現在，我先就「三段蛻變」做個整體
概要介紹，等到逐句探討時，我再把每個階段與《課
程》的相通之處作一對照。

首先來談**駱駝**，牠代表旅程的起始階段，也意味著
人間的學習與成長過程。尼采非常明白地說，如果一個
人沒有先學會當駱駝，就不可能蛻變成獅子，更別說成
為小孩了。換言之，我們首先得學習如何活在人間。

接下來是**獅子**。當一個人進到獅子階段，代表他終於了解世界所教導的一切都是錯誤的。依據尼采的說法，獅子會看穿世界的虛假，並且敢直言不諱地對世界說「不」。但這還不是旅程的終點。查拉圖斯特拉明白告訴弟子，敢於說「不」之後，最後還要抵達那個具有創造性的「是」。

為此，我們必須進一步成為**小孩**。對尼采來說，小孩象徵天真純潔，近似〈練習手冊〉所說的渴望回家的神聖小孩（W-182）。雖然耶穌經常把我們比喻為孩子，但他是指我們什麼都不懂的意思。尼采筆下的小孩則象徵純潔無罪和新的開始。《課程》教導我們，唯有穿越小我陰森魅影，進入寬恕之光，才能在慧眼下看出這種純潔無罪。

第三章　第一階段：駱駝

　　首先要釐清一下，德文裡沒有**心靈**（mind）這個詞，通常用geist（也就是**靈性**之意）來代替。因此，不妨把**靈性**一詞譯為**心靈**。另外，我們很快看到，尼采所謂的「心靈的進化」，指的並非永恆不易的靈性之我，而是尚在成長階段的分裂心靈內作抉擇的那一部分。

我跟你們說一說心靈的三段蛻變：心靈如何化為駱駝，駱駝如何變成獅子，獅子最後如何變為小孩。〔原註一〕

　　這就是心靈的三段蛻變。我打算拿來和〈教師指南〉第四篇裡的「信賴的形成」〔原註二〕做一概略的對照。事實上，形成信賴的六個階段完全跳過駱駝心境，前四個階段直接講獅子，稍後我會說明箇中原因。與尼采這三個階段更能相互呼應的，其實是海倫的詩作

〔原註一〕所有引文均出自瓦爾特・考夫曼的英譯本（維京企鵝出版社，1954年），第25~27頁。
〔原註二〕「信賴的形成」全文載於附錄三。

〈頌禱耶穌〉（*A Jesus Prayer*）〔原註〕。這首詩一開頭提到的「聖嬰，聖人，聖靈」（A Child, a Man and then a Spirit），聖嬰對應駱駝，聖人對應獅子，而聖靈對應的是小孩。

有許多重負是要讓那可敬可佩的堅毅心靈來擔負的，因為重中之重的負荷，正是心靈力量渴望的鍛鍊。

尼采明白點出這趟心靈旅程困難重重，備極艱辛。《課程》要我們放下小我，正是所謂的「重中之重，難中之難」。說實話，沒有人會甘願束手就擒，放棄自己的特殊性，人們必然是頑強抵抗到底的。

接著，開始討論第一階段——駱駝。我先列出尼采書上的一段話，然後再探討這些說法對於學習《奇蹟課程》有何意義與啟發。

什麼是重負？堅韌的心靈這麼問，然後，如駱駝般地屈膝承受一切。堅韌的心靈問道：英雄們，還有什麼是重中之重，得以讓我的力量充分發揮？難道不是謙遜自牧以克制高傲？難道不是斂巧若愚以嘲弄聰慧？

〔原註〕〈頌禱耶穌〉整首詩載於附錄二。

尼采非常強調「謙遜」的特質，因此才說「謙遜自牧以克制高傲」。年輕人難免有些心高氣傲的通病，他們認為自己無所不知，故也無人值得請教。老一輩還有一句名言：「年過三十的人就不值得信任了，因為他們的所知所學已經不合時宜。」有鑑於此，查拉圖斯特拉認為唯有謙遜自牧，才有繼續學習與成長的空間。下一句「斂巧若愚以嘲弄聰慧」，意思是說，如果我們認出自己所思所行原來是如此的無知，我們會對過去的自以為是感到可笑。既然年過三十的人所懂的一切已經落伍，豈有值得我們就教之處？果真如此，所有哲學家、心理學家、神學家這類人士，全是不懂現實世界的老古董罷了。查拉圖斯特拉強烈暗示了：不知如何與我們的小我、身體或世界和平相處的人，是不可能超越它們而邁向另一境界的。

令人玩味的是，尼采所描繪的正是自己的生平寫照。他年少時原本是個循規蹈矩的好學生，孜孜不倦，恰如一頭刻苦認命的駱駝。唯有像他這樣親自經歷過的人，才有資格說世間一切都沒有意義。他為我們示範了一個人如何從駱駝慢慢地變成為拒絕世俗價值觀的獅子。話說回來，尼采終其一生沒能蛻變為「小孩」；他

雖已領會到小孩階段的內涵，但顯然從未企及那一境
界。換言之，尼采還在半路上。他聰明過人，辯才無
礙，但終究尚未抵達終點，而且他也有自知之明。我
們不妨把尼采比作摩西，站在山頂，望著河邊的應許之
地，卻始終沒能越河而至。尼采也是如此。他可以描述
那片土地的美好，也知道它的位置所在，就是不得其門
而入。不過，尼采對於獅子階段倒是瞭若指掌，他也深
諳「若沒有先成為駱駝，就不可能蛻變為獅子」的道
理。這番見解對於奇蹟學員頗具意義，我們會在後面進
一步探討。

　　尼采接著連聲用「或者是這個」這一自問自答，引
出培養謙遜的幾個重要特質；若由《課程》的視角來
看，尼采是在告訴我們小我世界裡的處世哲學。除非我
們先看清自己內在有個小我，才可能進一步否認小我；
除非先知道自己有具身體、且能跟身體和平相處，我們
才敢進一步說：「我不是一具身體。」換言之，我們若
一味地迴避身體的課題，罔顧自己的生理和心理需求，
是絕不可能超越身體的，只會讓自己的言行舉止不自覺
地出自恐懼和內疚，徒增身體在自己心目中的真實性而
已。要知道，不論是我們鄙視的，還是我們所愛的，都

有同等弄假成真的力量，因為厭惡與吸引都是構成身體假相的同一枚硬幣的兩面罷了。

或者是這個：一旦功成名就，慶祝後便離開？登上高山之頂以試探其試探者？

　　尼采所謂的「謙遜」，某種意義上是指不刻意標榜自己的豐功偉績，或者說，不耽溺於自己的榮冠。以學生為例，假設你有一門課得了Ａ，或者是終於拿到學位，你不會流連自己的成就，而是繼續前進。尼采告訴我們，切莫在未成氣候之時，就幻想自己已然臻至「某種境界」。當然，這個說法並非勸我們不要挑戰高峰或設定目標努力上進。尼采不過是提醒世人，只要活在人間，就會對學業、工作或個人目標滿懷抱負，這是我們必經的成長過程。設定哪種目標或達到任何成就，從來就不成問題，問題在於我們利用這些東西來標榜自己的特殊性、增添自我重要感，或換取別人的愛，希望用這類偶像來取代真正的愛與自我價值。我們完全忘了，平安與自尊是我們與生俱來的天賦，只要透過正念之心的接納，便能憶起自己的本自具足。

　　為此之故，《奇蹟課程》並不適合兒童或成長中的

孩子學習。這部課程其實是為那些已經在紅塵打過滾，
生心理各方面皆已到達一定成熟度的人而寫的。他們曾
經攀登高山，見過世面，在塵世中充分發展小我，這就
是「試探其試探者」之深意。這樣的人不會在山頂上駐
足流連，因為他們非常清楚，自己目前所在不過是整座
磅礴山脈的一方寸土而已。這便是謙遜。他們心知肚
明，倘若達成個人的世俗目標便志得意滿，不再繼續前
進，那麼，整趟旅程勢必功虧一簣，餘生只能在小我的
內疚、恐懼和特殊性的沙漠中繼續流轉。

**或者是這個：以知識之果實與莖葉維生，為了真理而讓
靈魂忍饑挨餓？**

　　無可諱言的，人人都在追求愈多愈好，天生不滿足
現況；不斷地充實知識，卻又知道永遠有更多東西要
學。一個年輕人若能明白學無止境，而且現況只是通往
另一境界的過渡而已，他便算是頗具慧根了。因此，所
謂的**年輕**，就意味著尚未成熟到甘願放下過去所學以便
踏出下一步。還在駱駝階段的人，承擔世界重負乃是職
責所在，倘若無法完成這個任務，他便不可能進入下一
個階段。就像大家耳熟能詳的這句「善盡自己的本分」
（paying your dues），意味著我們不宜高估了自己的智慧

或境界。當〈練習手冊〉說「我不是一具身體」時，就已告訴我們，唯有先經歷「我**是**一具身體，而且我**有**一個小我」的階段，才可能說出「我不是一具身體」，這等於是向小我說「不」。倘若跳過這個過程，直接否定身體，不但會讓自己陷入心理學所謂的否認或壓抑，更不可能和靈性沾上邊。正因為尼采完全洞悉這個成長的關鍵，他的學說才會如此發人深省且影響深遠。

或者是這個：罹患病痛而拒絕安慰者的慰藉，結交永遠聽不見你訴苦的聾子為友？

我們漸漸意識到自己並不希望老是讓別人為我們擔心，也不想一味地滿足自己而自我放縱下去。就算生了病，我們也會把前來探望的人請走，因為那些慰問只會加深「我不夠好」的自我形象，因此我們才敬謝不敏。我們渴望的，其實是能夠理解自己並幫助自己成長的助緣；我們想結交的朋友，其實是對我們的自我放縱、種種特殊需求甚至亂耍脾氣都充耳不聞的聾子。如此一來，表示我們開始具備尼采所說的「小孩」的智慧了。

或者是這個：只要是真理之水，儘管再污穢也要縱身躍入；無論是冷青蛙或熱蟾蜍，一概包容不棄？

說實在，通往靈性的這條路並不好走，我們必須勇於投入潛意識的幽冥世界，也就是深入小我的暗黑洞坑。因此尼采才說：「只要是真理之水，儘管再污穢也要縱身躍入；無論是冷青蛙或熱蟾蜍，一概包容不棄？」事實上，很多修行人（包括奇蹟學員）並不想被小我玷污雙手，故而一味否認負面事物。我們通常稱之為「傻福樂天派」（blissninnies），他們是試圖一手遮天、眼不見為淨之人。然而，耶穌說聖靈會陪我們正視小我那套充滿罪咎和判斷的思想體系，一起走過那「看似凶險之地」（T-18.IX.3:7~9）。尼采以「污穢的水、冷青蛙和熱蟾蜍」為比喻，頗有異曲同工之妙。

所以說，我們來到這兒，打造出這樣的身體與世界，就是存心讓上主無法插足其中（W-PII.三.2:4）。若想寬恕小我以及它對我們和他人的身體所做的一切，我們總得先全盤了解心靈幹了什麼好事（或者我們認定它幹了）才行。請記得，小我並不是一個純潔無瑕、天真美麗的小孩，就像尼采形容的，它可是「冷青蛙」和「熱蟾蜍」，而且妄念之境的水既污穢又惡臭。因此，人生的歷練是必要的，不管是在紅塵中追逐名利，成為呼風喚雨的人物，或者僅僅只是希望在學業、工作、人

脈、財富、體能或親密關係，乃至於養家活口各方面多一些歷練，這些都無可厚非。換言之，在饑渴交迫、奄奄一息的荒漠人間（W-PII. 十三.5:1）與世沉浮，不怕弄髒雙手，善待自己的身體，這些全是我們無可逃避的學習過程。

反之，如果我們刻意迴避這類入世經驗，等於白白放棄了自我鍛鍊的機會。唯有先打理好自己的人間生活，擔起世上的種種重負，我們才可能慢慢由駱駝蛻變為獅子。

或者是這個：愛那些輕蔑我們的人，對恐嚇我們的凶神惡煞伸出援手？

尼采早年曾經研究過《聖經》，雖然他並不信那一套，卻很清楚裡頭說了什麼。他的著作經常引用《聖經》的典故，《查拉圖斯特拉如是說》也是如此，上面這句話就是一例。耶穌在「登山寶訓」叫我們要愛那些鄙視或憎恨我們的人（〈馬太福音〉5:44），而尼采認為，不只應該愛鄙視我們的人，還要對那些恐嚇我們的凶神惡煞伸出援手。言下之意，即是要我們接納眼前**一切際遇**。這個論點正是尼采哲學的精華所在。

　　尼采學說中的重要觀念，首推**永劫輪迴**（eternal recurrence)，這個觀點最早出現於1882年出版的《歡愉的智慧》，令人費解的是，極少有人討論這個觀點。在《查拉圖斯特拉如是說》的第三部，主人翁談到**永劫輪迴**時，戰戰兢兢，一度甚至說不出口，還是他的雲遊夥伴替他說的。查拉圖斯特拉有兩個親密旅伴，一個是以擁有銳利鷹眼自豪的老鷹，另一個則是以自己的智慧為傲的蛇，兩個同伴一直在為主人翁解說**永劫輪迴**的觀念：所有已經發生和正在發生的事情，會一次又一次地重演，連最枝微末節的地方都逃不過。書中還舉了一個例子，月光下爬行的蜘蛛會永遠不斷地爬行下去，這個「沒完沒了」的概念把尼采嚇壞了。但是另一方面，他又用這個觀念來測試其他靈性高士，看看他們聽到**永劫輪迴**時，究竟會坐立不安還是神色自若。可惜尼采後來並未繼續深入這一思路，他終究無法把**永劫輪迴**與自己的學說或個人生命整合起來。這一點，無疑正是尼采學說的致命傷。

　　接下來，我們以《奇蹟課程》的時間觀來審視尼采的**永劫輪迴**之說。耶穌告訴我們，一切都已經發生，我們就像觀賞舊影片，「在腦海裡重溫一遍陳年往事」

（W-158.3,4; T-28.I.1:6）。由此可知，尼采害怕的，很可能正是〈練習手冊〉頭幾課所揭示「世間任何事物都毫無意義」那個真相。

我們暫且回頭談一下尼采的靈性理想「超人」。所謂「超人」，即是全然擁抱一切際遇，毫不迴避，包括鄙視我們的人，或讓我們心生畏懼的事件。換言之，我們不會再努力趨吉避凶了，因為就如《課程》說的，凡是未曾真正化解的功課，勢必會一再捲土重來。尼采也告訴我們，必須讓自己提升到雲層之上（也就是《課程》的「超越戰場之上」），一旦到了那兒，我們再也不會把世界看得如此悲哀而嚴重了。我們終於看出它只是一場鬧劇，正如耶穌在〈正文〉的剴切之言：

> 如果你眼前所見都是至為嚴重的後果，而你又看不見那微不足道的起因，你便無法把它當作一個玩笑看待了。不明原因的後果，顯得特別悲哀而且嚴重。其實，它們只是延伸出來的後果。那個毫無來由的起因，才是真正的玩笑。（T-27.VIII.8:4~7）

上述引言所說的「起因」，即指我們相信自己犯了

分裂的罪，但在實相裡根本沒這回事。套用《課程》的說法，從此我們便開始經驗到所有事情「沒完沒了」地輪迴。《課程》幫助我們明白，小我思想體系裡的「永劫」輪迴乃是超越時間與空間的，因為它並非線性地發生，因此，只要我們繼續沉睡，就會感覺事情一再重演，我們看的永遠是同一部陳年老片的重播。若想終結這種輪迴，最大的挑戰就在於一邊要超越小我，一邊又不能否認它。

可以這麼說，尼采自己正是永劫輪迴地經歷人生的種種磨難。他一生飽受身體的折磨，但不曾試圖迴避（雖然他會服藥），反而認為應該全然接受自己的際遇，而不是逃之夭夭。話說回來，尼采並未刻意將苦難攬上身，或是樂於當個被虐待狂，應該是說，他坦然接受人生劇本裡的一切，並學習以不同的眼光來看待它。這正是駱駝的本分。若要完成這個階段的任務，在物質世界裡求生存，我們就需要一些工具，比如要學習待人處事、懂得張羅自己的食衣住行育樂、滿足生理心理需求等等謀生技能。這些，全都是最基本的生存之道。

榮格是除了佛洛伊德之外，另一位非常崇拜尼采的心理學家。榮格將人的一生分為兩個主要階段，人生上

半場正如「駱駝」（當然榮格並未使用這個意象），當一個人慢慢轉由靈性觀點看待一切事物時，便開始邁入人生下半場。榮格沒有明確交代兩個半場之間的切分點，約略是在三十到三十五歲左右。一般人在這個歲數時，大多已在世上混得如魚得水，而且唯有如此，我們才能心滿意足地邁向下一階段。換言之，不先學爬，就無法學走；不先學走，就不可能會跑。因此，不妨對自己坦承：「是的，我還沒到達那種崇高的境界。我目前只是駱駝，這個時期我需要學習如何善待自己的身體，以及與其他身體或世界打好關係。我有自己想要達成的目標與企圖心，但我不會以成就自滿而裹足逗留，因為我知道自己仍在半路上，也知道現階段只是整趟旅程的一部分而已。」若能秉持這種心態，便是一種莫大的謙遜。年紀輕輕就有此想法的話，更是有慧根之人，這樣的人直覺地知道，眼前一切不過是更大藍圖的一小角而已。因此，切勿忘記這個重要觀點：在善盡自己的本分之前，我們是不可能看清整個藍圖的全貌的。尼采認為「謙遜」正是駱駝最珍貴的特質，這種心態會讓我們謙卑地活在紅塵當中，善用一切境遇來學習與成長，而不會過早把事物靈性化。

　　有鑑於此，我才會認為還在認同身體、為心理需求糾結不已的人，並不適合學習《奇蹟課程》。他們很容易落入一個陷阱——不由自主地拿這部書來**否認**小我而非**正視**小我。然而，除非先看到自己有這麼一個小我，否則根本談不上「放下」。因此，我們在人生上半場應該讓小我充分發展，好好處理身體的種種需求。這些都是血肉之軀的我們必經的成長課題。在駱駝階段就高談「一切都是幻相」、「我是心靈」、「我不是身體」，甚至「我們都不在這裡」之類的話，是相當空泛不智的。換言之，奇蹟形上學對於身處人生上半場的人，可說搔不到癢處；唯有進入尼采的小孩階段，也就是已經接近旅程終點的人，才能體會奇蹟教誨已然道盡了一切玄機。所以我要再提醒一次，駱駝這個階段要求我們務必極度的謙遜。

　　接下來要講一則我個人非常喜歡的謙遜小故事。主角是二十世紀指揮家當中的佼佼者布魯諾‧瓦爾特（Bruno Walter），他指揮貝多芬、舒伯特和布拉姆斯的作品都相當精彩，馬勒在他的指揮棒下出塵脫俗，而他的華格納更是瑰麗宏偉、不同凡響。然而，與瓦爾特最通氣的，莫過於莫札特的作品了，他演繹的莫札特，會

讓你聽到在其他指揮家那兒聽不到的愛。瓦爾特在晚年
的一次專訪中說道，他實在無法想像，為何有些年輕指
揮家可以指揮連自己都不甚理解的樂曲。他說自己一直
到五十歲、當了很久的音樂家之後，才敢指揮莫札特
的G小調第40號交響曲。這首樂曲蘊含著極為深刻的
悲傷，旋律裡隱隱透出一股莫札特作品中非常罕見的荒
涼慘澹，曾有一位著名音樂評論家將此曲比喻為莫札特
的「客西馬尼」（Gethsemane）〔譯註〕。瓦爾特說，在自
己成熟到足以體會這部樂曲之前，他從來不敢動念想要
公開指揮這部作品。這是瓦爾特和其他不自量力的指揮
家的強烈對比。如果指揮家本身火候不夠，他的演出只
會自曝其短，完全瞞不過樂迷的耳朵。瓦爾特的這種涵
養，無疑正是查拉圖斯特拉所說的「謙遜」。

　　奇蹟圈內其實也不乏類似情況，某些學員才讀過
《課程》一兩回，就迫不及待地開課或寫書。我的意思
不是要大家等到五十歲才能教《奇蹟課程》，而是說，
在自己尚未融會貫通之前就急於對外發表與分享，無異
是一種傲慢，這種心態值得我們時時戒慎儆醒。甚至還
有人連一遍都沒讀完就出來教課，因為他們以為這部書

〔譯註〕耶穌被釘十字架前夕的祈禱之處。

和自己過去所熟悉的其他法門大同小異。這絕非駱駝階段所該出現的傲慢心態。請記住，駱駝的任務就是承擔世界的重負，因為這個世界是**牠自己**一手打造出來的，也是我們自投羅網的。由正念觀點來看，來到世上只有一個目的，就是學習寬恕的功課。既然要好好學習，就需要適當的環境與對象，更別說還要有老師的指導。日常生活裡的一切以及種種人際關係，無一不是我們的教室與功課。因此，奇蹟學員和凡夫俗子沒有兩樣，都得為種種身心需求而奮鬥，一點也不特別。

借用英國詩人華茲華斯的話，當世界變得「讓我們不堪負荷」時，我們才終於脫口而出：「一定還有另一種生活方式；生命必然不只是我目前這副德性。」往往要到最後一根稻草壓下來，我們才甘願解聘自己的老師，投奔耶穌門下，所以〈正文〉有句話是這麼說的：

> 現在就辭去你自以為師的角色吧。……因你被
> 自己誤導已深。（T-12.V.8:3; T-28.I.7:1）

如此一來，我們之前的一身功夫與種種歷練，便轉向另一種人生目標，讓我們的新老師耶穌就地取材，為我們指出回家之路。老師需要教材，而我們日常生活的

點點滴滴正是教材供應站,這些經歷有喜有悲、有好有
壞、有成功有失敗,無一不是老師的教學工具。換句話
說,要成為耶穌的學生,就要像駱駝一樣足以承擔各種
重負。反之,那些假裝自己純潔無辜又充滿靈性的高
人,是不會真心拜耶穌為師的,因為他們認為自己已經
把該知道的一切都學會了。這種冒牌獅子,是無法躋身
於耶穌門下的,他們害怕現實世界的災難,滿腹辛酸卻
裝出一副超然的模樣,明明早已窮途末路,在罪咎驅使
下苟且偷生,卻老愛唱高調地說「什麼都不具意義」。
對這類虛無主義者,耶穌完全是愛莫能助的。

　　所以說,耶穌需要的學生是貨真價實的駱駝,而
《奇蹟課程》也完全不談駱駝這個階段。因為耶穌已
經假設,準備好修奇蹟的人,在心理生理和社交各方
面都已經達到一定的成熟度;雖然不需要完完全全成
熟,但必須具備一定的素質。這樣的人讀到「我不是
一具身體」、「世界是為了攻擊上主而形成的」(W-PII.
三.2:1),甚至「一切都是幻相」這類形上哲理時,才
不至於故意曲解文義而引發不適當的反應。換言之,
《課程》有個默認的前提:會選擇這部課程作為修行法
門的學員,基本上已經活出駱駝的精神了。他們意識到

自己活在沙漠之中（世界**就是**沙漠），而且準備好要以不同的眼光來看待世界了（也就是進入獅子階段）。

　　正式進入獅子階段的討論之前，我想進一步解釋「何謂與小我自在相處」。當然，這絕非小我的想法，它一點也不希望我們會跟它水乳交融。事實上，無論面對的是自己的小我還是別人的小我，我們典型的反應都是想要**做點什麼**，要不攻擊，要不判斷，再不然就是先為它內疚，然後再試圖修復、改變、療癒、擁抱，或駁回，甚至否定小我的存在。而在尼采心目中，與小我和平相處的方法，就是把它視為我們人生的一部分，承認那就是我們自己的選擇，並且以這樣的心態接納它。「正視小我」，乃是《課程》的關鍵主題，也是寬恕的核心，它要我們和聖靈或耶穌一起正視，也就是**不帶評判地看著小我**。正如這段課文說的：

> 寬恕是寧靜的，默默地一無所作。……它只是觀看、等待、不評判。（W-PII. 一.4:1,3）

　　然而，面對最原初的分裂而幻化出來的種種挑戰，我們又該如何與小我交手？耶穌如此具體地指點我們：

> 你無需稱之為罪，……不要讓罪咎壯大了這一

錯誤的氣勢，……最重要的是，**你不必怕它**。
（T-18.I.6:7~9）

只要不定小我的罪，不為它心懷愧疚，我們就不會害怕它，自然也不想攻擊或改變它，更沒有必要假裝它不存在了。既然已經選了小我，我們就坦然接納；秉持如此坦蕩的心胸，自然會反過來幫助我們化解當初的錯誤決定。

《奇蹟課程》幫助我們了解自己為了推開聖愛而選擇小我。為此，我們要學習正視小我，同時又不能把它看得太嚴重，因為與上主分裂只是一種錯覺妄想，事實並非如此。換言之，我們不再賦予自己或別人的小我任何力量，以至於令我們體驗不到內在的愛與平安。〈正文〉有句重要的話，講的正是同一概念：

在「一切是一」的永恆境內，悄然潛入了一個小小的瘋狂念頭，而上主之子竟然忘了對它一笑置之。（T-27.VIII.6:2）

問題就出在我們把這個分裂之念看得無比嚴重，忘了一笑置之。反之，聖靈對這個**小小的瘋狂念頭**，只是報以溫柔慈愛的一笑，祂根本不把小我當一回事。正因

為這一點，我們才會如此痛恨聖靈和祂的代言人。請記得，一旦與小我共舞或作任何反擊，必然會弄假成真；奮力抵制或試圖改變，都只會強化小我在我們心目中的真實性，從此就再也擺脫不掉了。基於同樣道理，尼采的最後一個階段並不是堅決對抗世界的強壯獅子，反而是純真無邪的小孩。

值得注意的是，耶穌所說的「一笑置之」，絕非嗤之以鼻的嘲笑，更非張口狂笑，他和尼采所要表達的都不是字面意思。儘管表面上的發笑可能反映出內心的笑，然而他們兩位真正的意思是，無論發生在自己身上或發生在周遭的事情，一點也干擾不了我們內心的愛與平安，人間之事根本無需那麼當真。問題是，在我們的經驗裡卻完全不是這麼一回事，光是笑一笑好像無法改變或化解我們心中的糾結。其實，「一笑置之」，代表的是聖靈對小我的修正，只因小我一向愛把事情弄假成真。因此，「一笑置之」並非針對某個人或某個問題，而只是表示我們不再賦予外在事物任何力量來影響自己的心靈，小我對世界嚴陣以待的心態就這樣化解了。然而，在尚未領悟到這個境界之前，我們得先在小我世界裡活得悠遊自在才行。倘若我們真心希望有所成長，這

個過程是絕對必要的。

「悠遊於小我世界，而後方能遺世而去」，這種說法不免讓我們聯想到佛陀的重要教義：同體大悲；〈正文〉第十六章「真正的感通」（T-16.I）這一節也體現出相同的精神。除非你能夠對**所有的人**都心懷慈悲，否則不可能對任何一個人真正慈悲。這是「全有或全無」的原則。真正的慈悲不會排除**任何人**，否則就不算慈悲——雖然佛陀把世界視為苦海，想必也同意這一說法。事實上，若能做到查拉圖斯特拉所說的「提升到雲層之上」，我們便可以看著悲劇而置之一笑了。這一笑，並非嘲笑，而是一種與苦難眾生感同身受的悲憫情懷，他們正因為自認活在這裡才會深陷輪迴苦海。總之，唯有提升至戰場之上，我們才能認出聖子奧體的一體本質，明白自己從未與任何人真正分開過。

請記得，聖子奧體就是一體生命，所有人都共享同一分裂心靈，以及超越分裂的同一天心。在這樣的眼光下驀然回首，我們便會認出眾生都在承受同一痛苦，以為自己已離開天國，成了有家歸不得的浪子。〈練習手冊〉第一百八十二課的「我願安靜片刻，回歸家園」，一開始就描述了異鄉人受困於世界的辛酸苦楚，找不到

回家的路，甚或連自己是有家可歸的都渾然不知。以下就是這一課的第一段，相信我們每個人都知道耶穌說的是什麼：

> 你好似活在其中的世界，並不是你真正的家。你的心冥冥中知道這一事實。家的記憶始終縈繞於你心裡，好似有個地方一直在喚你回去，即使你認不出那個聲音，也不清楚那聲音究竟在提醒你什麼。你一直感到自己是個異鄉人，來自某個不知名之處。雖然沒有任何證據足以讓你肯定自己是被放逐到這裡來的。那只是一種揮之不去的感覺，有時僅是一陣輕微的悸動，有時連想都想不起來；你刻意要忘掉它，但它遲早還是會回到你心中來的。
>
> 每一個人都知道我們說的是什麼。
> （W-182.1:1~2:1）

因此，世上的**每個人**都值得我們的悲憫。每個人都深受同樣的孤獨之苦，覺得自己不屬於這裡。事實上，這種深刻的孤絕感成了特殊關係的靈魂，迫使人們不斷尋尋覓覓，一而再、再而三地換了一個又一個的對象。

我們渴望另一具身體的陪伴和安慰，幻想如此就能消弭自己心中與源頭分裂之苦。正是這個想法驅使我們打造出一個世界，然後藏身於一具具各自獨立的肉體內。這種椎心之苦，人皆有之，只是每個人體驗的形式不同罷了，有些人比較善於偽裝，有些人則否。然而，只要還認同這個世界、認同身體，我們勢必在劫難逃。因此才說，這種痛苦的普世性讓每個人都值得同情。已經成為**超人**或資深上主之師，甚至只要能夠放下小我片刻的人，便知道這種痛苦是無人倖免的。為此，他們怎麼可能還繼續區分好壞、寧可**不把**自己的心毫無例外地向所有的人敞開？在此順便一提，德語的 mensch 一詞，指的是人類這個物種，並無性別之分。因此，尼采的**超人**，意味著他業已認出一切生物（所有有情眾生）的一體本質，不只在基督自性上的一體，連在相信自己已經與基督分裂這一信念上也是一體的。

最後我再舉兩個例子，這兩段故事與尼采學說或《奇蹟課程》的教誨一樣並行不悖。首先是**貝多芬**，他的畢生經歷恰恰符合了尼采的論點。還記得我前面提過，尼采不僅愛好音樂，自己也會創作，他在書裡幾度提起貝多芬，但並未實際討論音樂家本人或作品。事實

上，尼采探討過的音樂家只有華格納一人，不過從某些線索看來，他必然對貝多芬的音樂也耳熟能詳，甚至冥冥中知道貝多芬的創作生涯正是駱駝、獅子與小孩三個階段的完美典範。

後人依據風格上的演變，將貝多芬的作品劃分為三個時期。第一個時期是貝多芬人生最初的三十二年，也就是到1803年他完成第三交響曲（**英雄交響曲**）為止。這段生涯對應的正是駱駝。初出茅廬的貝多芬的確相當勤奮，他在這個階段一共創作了兩部鋼琴協奏曲和交響曲、二十首鋼琴奏鳴曲及六首弦樂四重奏。以駱駝的角色來說，貝多芬堪稱善盡了本分。只不過，整體而言，這個時期的作品美則美矣，卻都還攀不上曠世傑作的水準，沒有一部足以幫貝多芬奠定偉大作曲家的地位。老實說，貝多芬早期的創作稍嫌刻板。他恪遵古典音樂學校的教導，謹守著以莫札特與海頓為標竿的種種規則，偶爾讓我們聽到他晚期音樂才有的精彩，但也只是曇花一現。

另一個絕佳典範則是柏拉圖的學生**亞里士多德**，這兩位哲學巨匠堪稱為撐起西方哲學的兩大支柱。正如拉斐爾著名的畫作「雅典學院」所描繪的那樣，柏拉圖認

為我們應該往內探索，亞里士多德則把我們帶向外界，他們的論點恰好位於知識光譜相反的兩端。亞里士多德開創的思想體系儘管壯觀到令人歎為觀止，卻仍未跳脫世界的框架。不過，值得稱許的是（這正是我此處要表達的觀點），他一直跟著柏拉圖學習，直到老師過世才離開，之後建立了自己的學校，還交出亮眼的成績單。換言之，亞里士多德善盡了學生的本分。他顯然深受老師的影響，最後終於走出一條自己的路；而且眾所周知，亞里士多德始終對自己的老師十分敬重，也從來不曾攻擊過柏拉圖學院。亞里士多德先盡己所能地跟隨老師學習，之後才開創出自己的一片天。兩千多年後的貝多芬也是如此。

總而言之，駱駝階段就是學習基本功的階段。我們要先搞懂身體和世界的遊戲規則，看看自己的劇本或人生教室裡出現什麼功課，那就是自己該學的。這個階段不可揠苗助長或光是唱高調，而是要讓一切慢慢地醞釀、進化，最後水到渠成，該發生的自然會發生。就好比植物一樣，生有時，栽種有時，凡事皆有定期。我們允許它按照自己的節奏，慢慢生長、成熟，突然間，它抽芽了，還開出美麗的花。總之，我們並非刻意把自己

修得很有靈性；靈性有它自己的步調，當我們準備妥當時，它便悄然降臨了。

第四章　第二階段：獅子

尼采用下面這段話作為第一階段的總結，提醒我們謙遜地在人間學習承擔重負：

正如滿載重物的駱駝，疾步走入沙漠，有擔當的心靈將一切重負承擔起來，朝牠的荒漠急行而去。

如今，揹負著重物的駱駝走入象徵枯槁世界的沙漠之中，逐漸蛻變成為獅子，也將我們帶入了第二階段。如前文所述，我們前半生都在努力學習駕馭身體與世界。我們既然已把這個兼具生理和心理的肉體生命當成自己，就得有本事滿足自己本能的需求，學習和其他身體相處，更免不了要賺錢養家活口。這個階段正是榮格所說的「人生上半場」。這些都是活在人間必經的磨練，歷經磨練之後，我們才會意識到世界就如沙漠一般荒蕪，根本沒有真正的生命可言：

天堂之外沒有生命可言。（T-23.II.19:1）

然而，就在最寂寥的荒漠中，第二種蛻變誕生了：在這裡，心靈變成了獅子，他渴望征服自由，成為荒漠的主宰。在這裡，他找尋最後的主人，他要與這主人以及他終極的上帝抗爭，他要和巨龍奮戰到底。

顯而易見的，巨龍象徵社會和世界。尼采形容這隻巨龍全身披覆著鱗片，每個鱗片都烙印著「你應該」（Thou shalt），有些甚至直接標註「你不應該」（Thou shalt not）。這些鱗片代表的，正是社會和宗教層層規範的各種應該與不應該。

再說一次，人生第一階段就是要學習跟巨龍好好相處，聽從身體的種種「應該」：應該呼吸、應該吃喝，應該滿足身體的需求，否則小命不保。無怪乎，我們從小就懂得如何操控身邊的大人來滿足自己的需要。年歲稍長之後，這些「應該」會慢慢延伸為應該上學、應該拿好成績，然後再發展為應該懂點生意經、應該培養一技之長等等，當然也包括應該找個謀生之道、應該努力賺錢求個溫飽與棲身之處。

如果用奇蹟術語來形容第一階段，那便是「眼前的世界**有**我想要的東西」（W-128）——世界提供了我們

生存以及身心林林總總之所需。在這個階段，我們尚未發展出靈性的需求。學習人間的技能（比如走路、說話、如廁、邏輯推理）都有一個過程，靈性的進展也需要一步一步來。也就是說，我們得先完全投入巨龍的世界，浸潤過「你應該」和「你不該」的酸甜苦辣，然後才可能超越世界，進入到靈性階段。不可諱言的，尼采這種比喻多少影射了家喻戶曉的十誡當中的各種「應該與不該」。十誡可說為人類社會奠定了道德與法制的基礎，宗教也是我們在第一階段無法迴避的課題。不論有沒有宗教信仰，都得面臨這一挑戰。說穿了，所有形式宗教都是「你應該」和「你不該」的綜合體，與真正的靈修根本是兩回事，不可混為一談。

我們在成長過程並未意識到世界其實是個沙漠，而且自己就是一頭肩負重擔的駱駝。直到有一天被逼得走投無路，我們才會喊出：「一定還有另一條路才對！」這表示我們不想再跟巨龍鬼混，不想再做乖孩子了，這時，我們的靈性才算開始萌發嫩芽。過去很在乎的一切，如今覺得不再那麼重要，還會冥冥中感到必然有其他更有意義的事情才對。到了這一轉捩點，《奇蹟課程》才會出現你的生命中。〈練習手冊〉和〈正文〉都

再三提到，世界並非我們的家園。第一百三十三課「我不再重視毫無價值之物」，更是一針見血地幫我們認清自己過去珍視之物其實毫無價值。我們的人際關係、工作、財務保障以及身體，不管已經擁有或是尚未得到的，凡是代表我這個人的一切，全都沒有真正的價值可言。

　　這正是駱駝蛻變為獅子的關鍵過程——獅子渴望「征服自由」，成為自己命運的主宰。之前，我們經歷過謙遜階段，也把世上該學的都學完了，然後終於意識到那一切並非自己想要的。我們真正渴望的是自由，我們只想作自己的主人，不甘成為世界的奴隸。我們也發現整個世界謊話連篇，一點也不值得信任，說到底，世界根本就是小我的謊言建構出來的。難怪耶穌叫我們無需相信知見（T-22.III），他多次反問，我們為何偏偏愛向全宇宙唯一不明真相的人請教（T-20.III.7:5~7），甚至奢望那些對自身都一無所知之輩能夠口吐智慧之言？我們又為何偏偏去找有腦沒心的人探問人生的價值，向他們請教如何找到幸福？這就是我們前半生盡在幹的事：涉獵各領域的經典巨作、聆聽各界傑出人士的心得高見、努力想要在世界上活出意義非凡的人生。如今，

我們終於了解，這一切根本不重要，因為它們和上主的
平安，也就是超越一切且不受任何影響的真平安，一點
都沾不上邊。

　　正在經歷駱駝階段的人，會對世界俯首稱臣：「我
願意向你學習，因為你能滿足我的需要。」父母自然成
了我們最初的老師，但他們實在有很多不足，因此我們
開始向其他人求教，包括其他家人、學校老師，或是政
治、社會和宗教領袖。這些師長固然讓我們獲益良多，
然而，我們也會逐漸發現，他們的教導都只有一時之
用，無法永久有效，於是，我們對於以前回答「是」的
事情，現在開始改口說「不」。我們終於了解自己必須
正視巨龍身上那些「你應該」的鱗片，而且敢於承認那
並非自己真心所願。為此，耶穌才會在〈正文〉說出這
句關鍵的話：「『是』必然意味著『不是否』。」（T-21.
VII.12:4）世界本身代表對真理的否定，我們終於可以
正視世界，並且對它說：「不，我再也不要這樣了。」
在第一階段，我們對真理的反面說「是」，只因我們誤
以為那**就是**真理，我們也相信世界就是依照各領域專家
（包括物理、化學、生物、政治、神學、心理學、哲學
和歷史等等）所告訴我們的方式在運作的。一切都如此

天經地義，所以我們對世界說「請教導我」，還學得挺起勁的。一直到了某個臨界點，我們才意識到這個世界實在太荒謬了，人人都在撒謊！然而，說謊者也並非故意，只因他們**自己也蒙昧無知**。因此，問題依然是：我們為何還要聽信他們說的那一套？

　　請記得，知見並不是真知的反面，因為「無所不容之境是沒有對立的」（T-in.1:8）。不妨把知見所打造的世界理解為無知或缺乏真知，諾斯替教派（Gnosticism）所傳授的就是這個道理。希臘文的Gnosis是「真知」的意思；缺乏真知（真相或真理）的人，就是無知。無知乃是一切痛苦的根源，也是一切幻相之肇因。容我再說一次，這群騙子（也就是世上每個人）並非故意隱瞞真相，而是因為自身的無知。接下來的難題便是，我們在夢中所學一切只會更把夢境當真，那麼究竟該從哪裡去學習覺醒之道？在這個人人假戲真做的世界裡，又如何像查拉圖斯特拉那樣對人間的悲劇一笑置之？說到底，唯有認清自己面臨的這種兩難困境，我們才可能領悟：想要從世界脫身，就非得向小我體系以外的那位老師學習不可。《奇蹟課程》的那位老師已經超越戰場之上，烏雲在他眼裡不再是烏雲，而只是一片遮不住光明的輕

薄面紗（T-18.IX.5~8）。若要蛻變為獅子，就必須面臨這樣的挑戰：

心靈不願再俯首稱臣的巨龍，究竟是何方神聖？牠的名字叫做「你應該」（Thou shalt）。但獅子的心靈卻說「我決意」（I will）。

上面最後一句話就是尼采的**強力意志**（the will to power）：「我不再被世界束縛，也不讓世界宣稱的現實真相左右我的觀點了。我從此只相信那些『真知』之輩，再也不盲信新聞媒體或人云亦云了！」隨著閱歷增長，我們會慢慢培養出辨識能力，知道哪些人說的話才是我們該聽取的。許久以前有一位前輩送給我一句勸勉的話（可惜出處不詳）：「喝下智者給的毒藥，丟棄愚者送來的解藥吧。」因為在**內涵**上，愚者之言充滿了殺傷力，而智者之語才有療癒和救贖之效。不妨再反問一次：「我們為何偏偏愛向全宇宙唯一不明真相的人請教呢？」唯有不受夢境所惑的人，才是值得信任的，因為他們不會只幫我們改善夢境而已。駱駝追求的只是一場夢，但我們會慢慢了解，這段經歷能幫助我們完成覺醒的終極目標。

一旦有這番的領悟，我們在沙漠裡再也待不下去了。記得海倫開始筆錄《課程》的頭幾週，耶穌曾跟她這麼說：

……面對沙漠，走為上策。〔原註〕

其實，剛被駱駝帶入沙漠的我們，根本不知道那是個沙漠，等到身歷其境，我們才恍然大悟，那兒什麼也沒有。儘管如此，駱駝的經歷不會徒然虛耗的，畢竟，我們總得親自到過沙漠之後，才會想要探尋沙漠之外的世界，此時才甘願回頭反省自己，終於認出過去所學的那套全是騙人的。一旦到達這一步，就無需別人告訴自己該做什麼、該相信什麼，或該成為什麼了。我們會打從心底說出「我決意」（I will），開始主導自己的命運。這就是所謂的**強力意志**。接下來，我們把尼采這段話的後半句再重複一次：

但獅子的心靈卻說「我決意」（I will）。「你應該」金光閃閃地擋在他的途中，……

〔原註〕請參閱《暫別永福：海倫・舒曼與她通傳的奇蹟課程/暫譯》，
　　　　P.236。

這讓我想起耶穌在〈正文〉第十七章「兩種畫面」（T-17.IV）這一節提過的「畫框」比喻。小我「好心好意」地為畫作配上一個鑲著鑽石與紅寶石的華麗畫框，企圖遮掩框內的死亡畫面。畫框就是巨龍身上的金色鱗甲，把巨龍妝點得彷彿稀世珍寶似的，然而牠其實只是⋯⋯

一頭全身覆蓋金甲的野獸，片片鱗甲都綻放出「你應該」的光芒！

充滿魅力的特殊性就是小我的金色光芒，也是世界上最能蠱惑人心的險惡陷阱。老實說，要我們坦承自己過去學習與成就的**一切**都不是真的，這一過程確實相當困難。因此，這個蛻變階段的關鍵有賴於我們發揮「強力意志」的力量，不帶任何怒氣，也毫無攻擊之意，更不會走上自我毀滅或與世界玉石俱焚的極端狀態。除此之外，我們還要領悟出，若想達到自己的目標，這一段過程是不可或缺的。到最後，我們自會由衷感激這番歷練，以及從中學到的一切，因為這一路走來的點點滴滴，都會成為耶穌的活教材，幫助我們突破自己的窠臼，朝向他的境界邁進。

　　所以說，跳過獅子階段，直接從駱駝變成小孩是不可能的。再強調一次，唯有獅子才說得出「不是否」。他看著「你應該」（這三個字等於否定愛和真理）而說出「我再也不要這個」，巨龍就這樣被消滅了。順道一提，「屠龍」是神話裡的重要象徵。龍，象徵小我。但我必須再提醒一次，我們的任務並不是宰掉「你應該」這條龍，因為正面對抗只會把它們弄假成真，最後必將自食惡果。我們只需把小我的虛幻本質完全摸透，小我便會：

　　隱沒於它所源自的虛無中。（M-13.1:2）

　　然而，尼采並沒有探究到這一深度，而《奇蹟課程》之所以能幫助我們完成整趟旅程，關鍵也在於此。耶穌在〈正文〉說過，身體的消逝只是一個「靜靜地融入其中」（T-18.VI.14:6）的過程。我們無需經歷生死掙扎，也不必一路過關斬將；身體不過是消融入徹頭徹尾虛幻的妄心中，仇恨、內疚和恐懼的念頭自自然然地被愛所取代。這具身體在外人眼中或許沒有任何不同，但它的個體性已經消失了。換言之，我們根本沒必要和巨龍奮戰，重要的是用耶穌的慧眼來看出巨龍的真面目。我們會終於恍然大悟，巨龍其實是我們想要繼續分裂的

心願所投射出來的幻影，和任何社會規範或宗教戒律一點關係也沒有。可還記得這句話：

> 你無需稱之〔原初的錯誤〕為罪，……　不要
> 讓罪咎壯大了這一錯誤的氣勢，……最重要的
> 是，**你不必怕它。**（T-18.I.6:7~9）

如果與小我對抗，那就恰恰做了耶穌特別叮囑「別做」的事——把幻相過於當一回事而弄假成真。話說回來，正視小我仍然是必要的，如此，才可能真心說出這樣的話：「我們打造出來的世界裡，根本沒有我們真正想要的東西。」（W-128）

再提醒一次，請不要認為自己荒廢了前半生，因而懊惱氣餒；相反的，我們能夠走到今天，甘心承認「一定還有另一條路才對」，全拜過去這些經歷之賜。看清這一點非常重要，否則我們就不會放過自己。請記得，無論這一生混得飛黃騰達還是一敗塗地，我們都得畫上一個句點，才可能開始操練這部課程。我們得先學會生存的本事，繼而承認自己活得很不快樂，才會像海倫和比爾那樣由衷地說出「一定還有另一條路才對」，因而開啟自己的奇蹟旅程。想一想，若非兩人的關係完全陷

入了死胡同，他們豈能和《奇蹟課程》結上緣分？縱然他們都在聲譽卓著的學術醫療機構位居要職，最後還是得正視自己的處境，反躬自省，承認自己的生活實在大有問題。

所以說，回顧過往且悔不當初，對我們毫無幫助，只會阻礙自己的學習。我們必須謹記，若不先認命活成一頭駱駝，走入沙漠，我們根本不可能在那兒打敗巨龍，蛻變為獅子。為此，我們並不想省略任何一步。尼采之所以用「金光閃閃」來形容巨龍的鱗片，正因「你應該」三個字實在太誘人了。凡是認同世界並冀望從中獲取好處之人，必然把世界當成一個大寶庫，他們會不惜剷除所有對手，以便贏得寶藏。在小我的世界裡，不管是唸書拿學位、上班賺錢，或是軟硬兼施地打通關係來滿足自己的需求，樣樣勢在必得，人人都想征服這頭象徵「特殊性」的巨龍。話說回來，尼采的意思並不是真的有一條龍在那兒；更透徹來說，「試圖殺死巨龍」這個想法才是真正的巨龍，也因此，根本沒必要去宰掉特殊性這條龍。前面也說過，愈奮力打擊世界，愈會把分裂之念弄假成真，而讓「心靈選擇小我」這條真正的龍逍遙法外。為此之故，真心想要解決特殊性這條巨

龍，我們只需看著小我思想體系，並且溫柔地說：「我不再看重這種世界了，我能選擇一個更好的世界。」這才是釜底抽薪之道。

千古以來的價值信念，在這身鱗甲上閃耀著光芒，於是，至高無上的巨龍如是說：「萬物的價值在我身上閃閃發光。所有的價值早已造出，而我正代表這一切價值。我實實在在地告訴你，別再提『我決意』了！」巨龍如是說。

獅子的「我決意」成了巨龍的最大威脅，因為巨龍已經徹底封殺「我決意」，也斷不容許任何人主張**強力意志**（前文已介紹過強力意志的意思，請勿與小我的剛愎自用混為一談）。凡是恢復心靈抉擇能力並憶起自己真實身分的人，在巨龍的世界裡是沒有生存空間的。社會存在的目的，無非就是要將這種心靈力量摧毀殆盡，因此戕害異己的事情層出不窮。尼采抒發的，其實就是自己的心聲，他一生遭受各種排擠和非難，恰如查拉圖斯特拉的遭遇。請記得，巨龍代表世界的價值觀，也反映出小我最關鍵的價值：「我存在，我擁有獨立自主的個體生命，與造物主分庭抗禮。」我們拜倒在這個至尊價值之下，極盡所能地保護與珍愛自己由天堂盜取的自

我，人間所有的價值都在為這個至上的價值撐腰。我們投射出栩栩如生的世界，把小我分裂之夢弄假成真，一心只為了把這個偷來的寶貝護守在心靈裡。

世間的價值觀會因為文化或世代差異而不同，但核心價值都離不開趨吉避凶和離苦得樂。問題是，無論吉凶苦樂，世間的一切只會讓我們把身體之夢演得更加真實而已。難怪小我如此熱中改善世界，只因不斷改良與進步就可以賦予夢境所缺的真實性，巨龍最具吸引力的鱗片莫過於此。失心的世界必然否定心靈的力量，而這股選擇的意志，正是**超人**超越塵世的一種能力。但所謂超越塵世，不表示一定得放棄這具肉身，而是指我們已經意識到身體並不等於真正的自己。唯有了悟這個道理，我們才可能躍升到巨龍鱗甲所代表的戰場之上。

再重複一次巨龍的話：「萬物的價值在我身上閃閃發光。所有的價值早已造出，而我正代表這一切價值。我實實在在地告訴你，別再提『我決意』了。」這種說法不免挑起個體與社群之間的對立，然而，我們的眼光若只停留在衝突的表面，就永遠不可能超越這個表相。社會不過是我們內心抵制之物的投射而已；真正的罪魁禍首，其實是心靈選擇小我的這一**決定**，我們才會棄正

念而趨妄念，最後落入一具身體，從此更難以由分裂噩夢抽身而出。

我的兄弟們，為何心靈必須成為獅子呢？活成一個寡欲、誠敬且能負重的駱駝，難道還不夠嗎？

是的，為何我們非得經歷這種蛻變不可？我們已經從善如流，對世界和巨龍臣服，難道這樣還不夠嗎？答案是：

若要創造種種新的價值——就連獅子也力有未逮……

「創造新價值」，代表正念的「是」出現了。獅子只會說「否」（no），除非他超越了「否定自己的否」（not no），才算進入「神聖的是」（sacred yes）。也因此，如果在獅子階段就止步不前，我們便永遠無法變成靈性之我，領受新的價值，進入「小孩」階段。這個蛻變過程不能跳過任何一個步驟，換言之，蛻變為小孩之前必須先成為獅子，也就是得先正視小我的思想體系，並且說出：「我不想再這樣混下去了！」

尼采可不光是表面上唱唱反調而已，他是打從心裡否定這個極其空洞又無聊的世界，但那些所謂的尼采

信徒卻不幸走偏了。尼采從不曾煽動群眾、宣揚革命或鼓吹納粹主義，反而相當反對這類事情。他真正關切的是如何活出真實的**靈性生命**。一味地反抗世界，對世界說不，永遠也不可能變成小孩，反倒中了巨龍的詭計。縱然我們殺了一頭巨龍，但牠換個形式立即又起死回生。就此而言，尼采的洞見可謂與《課程》不謀而合，他知道外面的巨龍源自我們心裡，巨龍只是我們「想要成為小我」這一願望投射到世界而出現的怪獸（T-24.VII.8:8~10）。然後，我們再反過來指控世界謊話連篇，處處設限阻礙我們進步，害我們活得不自由、不幸福、孤獨又悽慘。世界就這樣變成一切問題的代罪羔羊，人人必欲除之而後快。

至於尼采的「永劫輪迴」這個概念，不妨體會成：我們繞著同一個分裂問題兜圈子，一圈又一圈，最後什麼也沒改變。關鍵是，**何以然**什麼都沒改變？還是那句話，巨龍不過是我們內心的投射罷了。我們把小我視為巨龍，牠全身的鱗甲警告著我們：「不准看！誰膽敢瞧我一眼，必叫他死無葬身之地！」《課程》裡也出現類似的警告：

小我高聲命你不要往內去看，否則你會親眼

照見自己的罪而遭天打雷劈，以致失明。你
相信了它的話，故從不往心裡去看。（T-21.
IV.2:3~4）

於是，我們決定聽從那個原初的「你應該」，再也
不敢去看心內的巨龍，我們整個注意力都轉向外面，終
日和世間群龍作生死鬥。

換言之，光說「眼前的世界沒有我真正想要的東
西」（W-128），仍不足以成事，我們必須進一步肯定
「還有另一個我真心想要的世界」（W-129）才行。是
的，之所以要推翻世界的謊言，為的就是替真相騰出空
間。〈正文〉尾聲也提過相同的觀點，耶穌當時談的是
世間的道路終將導向死亡：

世界所提供的道路固然多得難以盡數，但終有
一天人們會看清它們根本就如出一轍。……所
有的人都必須陷入此一絕境才得以超越過去。
在世上，你真的沒有選擇的餘地。然而，這不
是這一課題的主旨。

若非看透了世間的路最後都是一場空，有誰甘
心放棄？他若想**另闢蹊徑**，必須先有這番領

悟。他若仍在無可選擇之境東挑西選，豈能算
是善用選擇能力？他得先學會在真有選擇餘地
之處下手，才算發揮了最大的選擇能力。他若
只能在無可選擇之境選擇，這種決定豈能產生
任何力量？（T-31.IV.3:3,7~9;5；引文中的黑
體字，是肯恩所強調的）

所謂**另闢蹊徑**，就是指回到心靈；唯有在這兒，我
們才可能重獲選擇能力，作出有意義的抉擇。容我再提
醒一次，認為是巨龍害我們活成別人眼光下的奴隸，因
而務必將牠趕盡殺絕，這種想法純粹是妄心之見罷了。

總之，身在沙漠之人若想另闢蹊徑，就必須另求明
師才行。於是我們轉向耶穌，請求他幫助我們看穿巨龍
的底細，也就是看穿社會加諸我們身上的種種「你應
該」和「你不該」，最後我們終於明白，一切的始作俑
者原來是**自己**。所以說，唯有藉助我們投射的對象，追
本溯源到那作出錯誤決定的心靈源頭，那兒**才是屠龍的
真正下手處**。

若要創造種種新的價值 —— 就連獅子也力有未逮；然
而，為自己創造自由，來從事新的創造，則是獅子的力

量足以勝任的。

也就是說，最後能夠作出正確選擇的是小孩，但最能發揮心靈意志力量的是獅子，因為獅子能夠說出：「我決意（I will）！我有心靈，我可以自己作決定，再也不必受制於巨龍和那些『你應該』的鱗片了。」如今，我們終於認清這是我自己作的夢，我們便不再是世界之夢的受害者了——除非自甘如此（T-27.VII,VIII）。真實的我活在夢境之外，既然我是作夢之人，巨龍的「你應該」或者其他人的所言所行，怎麼可能影響得了我？以下，我試著比照〈正文〉第二十七章結尾那段話來描述巨龍：「你一旦認清了那原是你自己作的夢，不論巨龍顯得何等可恨或何等兇暴，都再也影響不到你了。」（T-27.VIII.10:6）世上的巨龍必然兇殘無比，甚至樂見人類痛苦。這些雖是事實，但再提醒一次，面對傷害、痛苦和憤怒時，要作何反應，決定權始終操之在己。只有當我們忘記這是自己的選擇，才會被巨龍牽著鼻子走。因此，進到獅子階段的人，不但認清巨龍原是自己夢出來的，也會開始為自己的一切感受負起全責了。

尼采告訴我們，獅子沒有創造新價值的能耐，必須

到了下一階段，心靈選擇成為純潔無罪的小孩時，方才大有可為。雖然如此，獅子已經能正視投射到外面的罪與咎，認清那一切都是出於自己內在的選擇，也有能力改變決定。這就是「我決意」的深意，表示我們終於發揮心靈的抉擇能力了。前文提過，尼采的觀念曾遭到納粹主義和某些極權國家的嚴重扭曲，污衊了心靈的創造與自由選擇能力，而**這個能力**正是獅子的能耐，一如耶穌在《課程》所言：

「決定能力」乃是困在世界的你所剩下的最後一點自由了。（T-12.VII.9:1）

這份自由，正是尼采學說的精髓。獅子雖然尚未選擇純潔無罪，但他知道在無罪和有罪之間，自己是有所選擇的。他既然有能力成為巨龍，就同樣有能力拒絕當巨龍。

再重申一次，第一階段的任務，就是安分守己地遵循世間遊戲規則過日子。這個階段是無法迴避的。我們把自己搞成這副德性，還編出種種集體與個人的夢境，既然如此，就該好好經歷正常的人類發展階段，從中學習自己的人生功課。刻意否認或忽略這些過程，只會自

食其果。就某種意義而言，如果不在每天的寬恕功課好好操練，我們永遠也達不到自己的目標。真正的靈性成就，要到最後階段才會瓜熟蒂落，但先前的各個階段必得打好基礎，否則這趟靈性旅程很可能功虧一簣，白忙一場。

獅子的力量就在於：

為自己創造自由，並且對義務說出神聖的「不」——為此，我的兄弟們，獅子是必要的。

世界教導的那一套再也約束不了我們了！請注意，尼采絕非在鼓吹虛無主義，教我們什麼也不做或違法犯紀。再強調一次，尼采談的是那種不受世間法則禁錮的**內在**自由。在這個充滿分裂與特殊性的小我世界，奉行的不外乎罪咎、攻擊和痛苦的法則，我們要對這些東西說出「神聖的不」。〈練習手冊〉第七十六課「我只受上主天律的管轄」正是此意。我再引一段〈正文〉類似的說法：

> 救恩不過提醒你，這個世界並非你的家。你也不受世間法則的支配，它的價值觀代表不了你的價值觀。（T-25.VI.6:1~2）

之前，世界要求我們效忠它的思想體系，把「個別利益」奉為圭臬，不惜攻擊、受苦，也要保全自己的特殊性，我們對它俯首稱「是」。如今，已蛻變為獅子的我們，開始正視一切，並且改口說：「不，我不想再這樣混下去了！」請記得，肯定小我的世界，無異於否定愛與真理。只要有耶穌的陪伴，我們便能正視先前的否定而再次否定，這就是「不是否」的深意。恰如耶穌說的，奇蹟志工的責任是「否定對真理的否定」（T-12. II.1:5）。獅子看著自己所否定的真理，以及自己所珍惜的世俗價值（那一切全是出於**非此即彼**的個別利益），斬釘截鐵地說：「我再也不幹這種事了！過去我看重的一切根本毫無價值。」凡是世間認為「是的」與「真的」，其實都是在否定真理。再說一次，我說的這一切和世界或身體毫無瓜葛。我已重複再三，實在無法更強調了。若把層次混淆了，我們很可能做出傷害自己和別人的事情，卻以為自己在愛人呢。總之，真正需要改變的是**思想體系**，只要我們內心一改，行為不可能不隨之而轉變的。

〈教師指南〉第九篇「上主之師需要改變生活環境嗎？」談的就是改變外境的問題。耶穌說的很明白，外

在的轉變並非重點，真正的關鍵是**心態**的改變。他又進
一步解釋，上主之師最迫切的根本改變即是**放下評判**；
唯有如此，我們的心靈才能擺脫小我思維的掌控，它一
向誤導我們對行為的判斷。我們的焦點便如此這般地，
由外在形體世界轉到擁有抉擇能力的內在心靈世界了。
說得更直截了當，我們究竟想要跟隨哪一位老師？是教
人判斷和攻擊的小我？還是傳授寬恕與平安的聖靈？

　　世上所有狀似囚禁著我們的法律、準則、規章和偏
見等等，全是同一套小我思想體系投射出來的。它們
真正要說的是：「你不可質疑小我，更不准正視它的底
細。」然而，獅子卻回頭看了，一看才發現，以前見到
的那一團烏雲，竟然只是一片輕薄面紗，一點也遮擋不
了光線；回頭這一看，**超人**便誕生了。超人不僅超越了
世界，也超越人類的生物物種，因我們已然明白上主之
子只關乎**內涵**，與形式無關。一旦了悟自己與萬物一體
不分，自然不會虐待別人或任何眾生，這就是佛陀強調
的慈悲。試想，內心深深感受到上主聖愛之人，怎麼可
能對其他同類、動物、植物，甚至是機器（比如拋錨的
車子或當掉的電腦）心懷敵意？一股發自內心的溫柔與
良善，會令我們擁抱每一個人、每一事物，再也不會在

意外在形式的差異了。這正是蛻變為獅子的必然結果，他已看穿世界和小我所認同的一切，其實都在否定真理，因此他會輕輕地說：「我不願再這樣下去了，我要作出不同的選擇。」

重申自己爭取新價值的權利——那是虔敬而負重的心靈最嚴峻的任務。

尼采多次提到「負重的心靈」這個比喻，用意是告訴我們這條心靈之路無比艱辛。我們的負擔固然沉重，但重擔並不來自外在壓力，終究來說，是出於我們內在的恐懼，以及對真理的抗拒。不像佛洛伊德，尼采從未使用過**抗拒**這個字眼，但他顯然深諳箇中含意。他的主人翁查拉圖斯特拉坎坷的一生，已將人類抵制真相的心態表露無遺。說白了，根本沒有人真心想要知道真理，難怪尼采給自己的作品下了這樣的**副標題**：一本寫給所有人又不為任何人而寫的書。想來，耶穌應該也會覺得《奇蹟課程》配得上這個副標題才對。這兩部書所傳達的，都是放諸普世皆準的教誨，所以說是為所有人而寫的；問題是，根本無人對真理有興趣，因此也**不為任何人**而寫。沒有人比尼采更清楚這一點了。

　　說到底，人類對真理的抵制是基於我們對真理的恐懼，這是尼采思考**永劫輪迴**這個概念時最感不安之處，因為他在自己心內也經歷了這一抗拒。前文說過，**永劫輪迴**直接點出了「線性時間」的虛幻性。別忘了，那個年代可是比愛因斯坦和量子物理學都還早，但尼采已經直覺地認為世界並非一般人所認為的那樣。他看出隨著時間運轉的世界，其實是一種循環，我們只是一而再、再而三地重複相同的體驗罷了。雖然尼采沒有找到最終極的答案，但他已經看穿世界的底細了。這點和佛洛伊德很像，佛洛伊德對小我的運作模式瞭若指掌，卻也不清楚小我的來頭。就這方面來說，兩位大師可謂「旗鼓相當」。

　　基於這一點，尼采「三段蛻變」裡談的大多是駱駝和獅子，對小孩的描述極少。究竟的真理固然不容易說透，但更大的原因是，尼采自己對小孩階段並不如對駱駝與獅子那般熟悉。他在人生上半場扮演了勤奮的駱駝，後半生蛻變成獅子之後，他才開始公開點破人間價值的虛妄，揭穿世界本身就是一個謊言。尼采甚至直言不諱基督教歪曲真理，人人出賣自己，自甘淪為整個體系裡的一員也不敢越雷池一步，連他一度景仰的華格納

都難以倖免。

　　尼采透過查拉圖斯特拉的寓言，教導世人超越自我、邁向真實自性，蛻變為**超人**。前文提過，我們不妨把**超人**比作離真實世界僅一步之遙的資深上主之師。「重申自己爭取新價值的權利，是心靈最嚴峻的任務」，原因何在？只因我們的個體存在，包括人類的生存結構、DNA，任何你想得到的一切，全都建立在「分裂」這個價值上，我們不只與神聖源頭分裂，還打造出個別的身分，以凸顯你我的不同。我們很怕承認這個價值是錯的，因為我們更害怕新價值。然則，新價值究竟為何物，獅子毫無頭緒，唯有抵達「小孩」階段，才能擁有這種覺知。

誠然，對他來說無異是一種捕獵，一種弱肉強食的野獸行徑。

　　獅子最愛挑戰舊價值觀。他是萬獸之王，捕獵高手，也比任何動物更兇猛強壯，因此尼采選用獅子當作象徵。然而前文也說過，尼采並不鼓吹暴力、軍國主義，或戰勝邪惡。那個年代如果有炸彈，尼采也不會主張向其他國家開砲的。**超人**捕獵小我所憑靠的，絕非侵

略行為，而是**內在**力量，一如前文所說「靜靜地融入其中」。

他一度珍愛「你應該」，並奉為極其神聖；……

這句話所描述的，是剛剛啟程而尚未蛻變為獅子的駱駝心境。對於正處在人生上半場的人而言，要完全排拒世間的價值觀是難如登天的。我們對家庭、學業、事業、財富、親密關係、感官享樂或魅力十足的身體，多多少少都懷著嚮往或傾慕的心情，否則我們根本不會去追求這些特殊關係。容我再提醒一次，每個人都得先經歷過前面的階段，才能走到旅程的後段。唯有先全心**投入**世界且悠遊其中，之後才會有**抵制**世界的力量。否則，我們可能一生挫折不斷，而且永遠無法蛻變為小孩。話說回來，我們也的確就如耶穌在《課程》說的那種「孩子」──蒙昧無知、愛耍脾氣、渴望受關注，還找盡理由來證明自己受到不公待遇。

他一度珍愛「你應該」，並奉為極其神聖；如今他必須在這至聖之處看穿自己的幻覺與無理，才能從那迷戀中重新奪回自由。這種掠奪需要獅子。

我們必須放棄舊愛，並且決心抵制到底，甚至要放下自己視為神聖不可侵犯的身分（也就是我這與眾不同的個體生命），徹底看穿這一切不過是自己的「幻覺與無理」。然而，我們內心的恐懼如此之大，要走到這一步是萬般困難的。

〈教師指南〉「信賴的形成」（M-4.I.(一)）那一節所談的六個階段當中，第一到第四階段（化解、釐清、捨棄、安頓）談的都是獅子，而且前三個的重點都是要我們把焦點從外界轉向內在，認清自己珍視的一切毫無價值可言。我在這兒引用「釐清」階段的一段內容：

（M-4.(一)4:3~4）**他會發現，當他面臨新的現實挑戰時，以前重視的許多事物（即使不是絕大部分）只會妨礙眼前的「學以致用」。由於他過去非常珍惜那些毫無價值之物，勢必會害怕失落及犧牲，而不願把所學的道理運用於日常每一件事上。**

如果真的把這番道理「運用於日常每一件事上」，我們必然會害怕失落自己，不光是自己最珍惜的價值從此失去光環，連世間**所有的價值**也都會變得一文不值。我們終於看清世間萬物原本就毫無價值可言，這才是我

們真正害怕的事。難怪耶穌在〈練習手冊〉開門見山便
提醒我們，把當天觀念普遍運用在所有事件上是如此的
重要（W-in.4~7）。如今，我們開始了解，萬物沒有價
值還不算什麼，最嚴重的是我們心中**認定的那個自己**才
是徹底的無價值，而整個世界不過是虛無的小我投射出
來的幻影。尼采當年會如此惶惶不安，正因為他意識到
了這個事實。

（5:5）**因此，在這前後重疊的階段裡，上主之師難免會
感到自己被迫為真理而犧牲了自己的最大利益，……**

　　問題就出在這裡。小我警告我們，若為了「孩子的
純潔自性」這個新價值而放棄世間一切的價值，我們就
不復存在了；我們會完全失落自己而犧牲了自己的「最
大利益」。這種「利益」，正是我們特殊個體存在的靈
魂；而且一切都是別人的錯，該受罰的是他們（其實我
們心知肚明自己才是罪魁禍首）。這就是我們賦予世界
的雙重價值——既可以保全分裂的自我，又能把自己
的不幸怪到別人頭上。難怪我們常常不由自主地痛恨別
人，故意給人苦頭吃，不管是以國家利益為幌子來折磨
敵人，或是在個人的特殊關係裡找對方麻煩，只要引發
痛苦，便能守住小我存在的首要價值。我得給你一點教

訓，因為你罪有應得；你是次等貨，我是一流的；在我眼裡，只有**我的**民族、**我的**信仰、**我的**國家、**我的**自我才重要。我們就這樣保全了自己的存在價值，而讓別人付出代價，人間於是成了小我的天堂。

由此不難看出，何以然我們對寬恕的生活模式避之唯恐不及，因為寬恕不僅會破壞我們所堅信的基本價值，還會凸顯這個世界本身就大有問題。打個比方，A政府的政策跟B政府的政策有何不同根本不是重點，因為**所有**政策都是以民族主義和個別利益為出發點，全都離不開仇恨。世界上唯一真實的價值，只有能夠反映天堂完美一體生命的「共同福祉」，才是**全體**人類共享的生活目標。問題是，如果信奉這種價值觀，我就必須把我之所以為我的一切，以及這個特殊生命的存在基礎完全捨棄。難怪耶穌在「信賴的形成」前三個階段，將這段過程描繪得如此艱辛，甚至相當恐怖：**化解**、**痛苦**、**不容易**、**巨大的衝突**，耶穌這類用詞透露出蛻變為獅子實在不是件輕鬆的事。

話說回來，如果我們只是仿效獅子的凶狠模樣，大肆抨擊個人生活或集體世界裡的一切，什麼都看不順眼，那根本不是真正的獅子，只是虛張聲勢的駱駝罷

了。有什麼比自詡為獅子的駱駝更可笑的？偏偏我們就是如此！請記得，謹守世界的價值觀乃是駱駝的本分，與這些價值觀正面交鋒，反倒顯示自己的確相信世界說的那一套。不論是頑強抵抗還是逆來順受，到最後都只會弄假成真，而且愈陷愈深。如此一來，愛就只好自行隱退了。愛若要存在人間，必須意識到人類共有的寬恕使命才行；所有的分裂、個別利益以及對立，在愛中是沒有立足之地的。

（5:6~7）他尚不明白上主絕不會提出這種要求的。只有等到他真的開始放棄那些無價值之物後，才可能認清這一事實。

我們必須認清「選擇真理就必須犧牲自己的幸福，讓自己受損」這種想法簡直是神智不清。唯有心智清明的人方能領悟，與小我認同才會損及我們的最高福祉，充滿分裂與仇恨的小我思想體系根本毫無價值可言。

（5:8）他會從經驗中學到，在他預料受苦之處，找到的竟是如釋重負的喜悅，……

這句話道盡了查拉圖斯特拉的心境。他的旅程充滿了歡樂與舞蹈，渾身散發著提升到雲層之上那種「如

釋重負的喜悅」；此時再往下看，他看到的就不是烏雲了，而是遮擋不了光明的一縷雲霧。耶穌口中這種如釋重負、輕鬆愉快的感覺，即是人間之愛的基礎，也正是尼采筆下查拉圖斯特拉的本質。秉持這一特質，才會讓我們變成快樂的學徒（T-14.II）。

（5:8）……**在他以為必須付出代價的地方，他竟發現了天賜的禮物。**

這句話與耶穌在〈正文〉第二十四章開頭所說的，頗有異曲同工之妙：

要學習本課程，你必須自願反問內心所珍惜的
每一個價值觀。任何掩飾或隱瞞都可能阻撓你
的學習。（T-24.in.2:1~2）

耶穌這段話強調的是**每一個**價值觀，也就是巨龍全身上下「你應該」和「你不該」的每一個鱗片。若能隨時隨地活出這一精神，總有一天，我們會恍然大悟，巨龍成千上萬的鱗片其實就是一片而已。我們也會漸漸看透，不管是宗教、政治、經濟，或者是社會哪個領域，世界所傳授的價值觀無不充滿了虛妄，全都是在加深我們與真我的分裂，維護特殊之我的終極價值罷了。這個

特殊性，正是巨龍身上唯一的鱗片。

　　難怪耶穌和查拉圖斯特拉都勸勉我們，務必質疑自己的每一個價值觀——屠龍的意義就在於此。我們得開始學習質疑外在的種種表相，包括我們的父母、宗教、政治領袖或任何權威人士所說的話，每一件事情都不放過，如同玫瑰十字會古老神祕學派所教的「一輩子活在問號下」（our lives must be a walking question mark）。我們在人生的初期階段，就像駱駝一般謙卑地向所有的人事物學習；等我們成長與成熟到某個程度，便進入了質疑階段，慢慢蛻變為獅子。我們開始檢視世間的價值觀（也就是主導世界的種種「神聖的是」），進而逐漸認清了世界的教導其實都在否定真理。至此，我們終於坦承：「**我**一直在否定真理，我不想重蹈覆轍了。我不能老是把問題歸咎於世界，因為我這一生的主導者確實是我自己。」

　　如今，我們明白世界根本左右不了我們。我們的心慢慢安靜下來，進入「形成信賴」的第四階段「安頓」。不管發生任何事，我們再也不受世界價值觀的操控，唯獨珍惜自己心內真正的價值。這樣的過程，就代表我們漸漸與聖靈和耶穌（或任何象徵非小我的臨

在）建立了關係。不管心中升起任何煩惱，我們會記得回到內在，對自己說：「即使在這事上，我仍能看到平安。」（W-34）或者：「即使在這個人身上，我仍能看到耶穌；即使小我現前，我仍然能與耶穌**同在**；即使我有這種感覺，我仍然能感受到耶穌的愛與平安。」這種轉變，才是我們的新價值，也才是天賜的禮物。然而，它仍非最終極的價值，目前畢竟只到第四階段而已，依然在獅子與個體生命的領域中。但至少，我們已經明白真正的價值不在身外了，外在沒有一物能夠帶來上主的平安和無所不容的大愛，因此不具任何意義。容我再強調一次，凡是不能**毫無例外地**將每個人包含進來的思想體系，就沒有任何價值。這是區別有價值與無價值，唯一也是最關鍵的分水嶺。任何思想體系只要強調聖子奧體之間的差異性，便毫無價值可言；就算它接納了百分之九十九點九九，所排除的部分微乎其微，它還是一樣一文不值。總之，聖子奧體是一個不可分割的整體，而我們每一個人都是這一體生命不可或缺的一部分。

　　世上五花八門的價值觀，最後都能歸納為世界最愛的「非此即彼」原則。有人贏，有人輸，而且我必能確保自己穩贏不輸。因為就算我輸了，我可以把失敗歸咎

於別人的迫害、背叛或拋棄，最後上主必會拯救**我**，將其他人全都打入地獄。請看看，這種瘋狂失常的思維，正是世界奉為圭臬的生存法則。

成為獅子，意味著我們能夠正視世界最鍾愛的「輸贏法則」，並且說「我再也不想玩這種遊戲了」。這種心境會將我們帶向近似「安頓階段」的平安與自由，我們終於能夠體會那種不受外境所擾的安心與喜悅了。於是，尼采推崇的**強力意志**（the will to power）開始在我們心中甦醒，這股力量會堅定地說：「我決意（I will）！我乃是無所不能的夢者。我絕不是軟弱無能的夢中角色，只能任憑外在事物擺佈，身不由己地生出與自己心願相違的念頭。」（T-19.IV.(四).7:4）

可還記得這段話：

你一旦認清了那原是你自己作的夢，不論夢中角色顯得何等可恨或何等兇暴，都再也影響不到你了。（T-27.VIII.10:6）

請想像一下這句引文賜給我們的大能。如今，我們也如同福音裡（例如〈馬太福音〉28:18）的耶穌那樣，擁有天上地下的一切權能了，《課程》出現過多次類似

的說法（T-5.II.9:2; W-191.9:1）。既然我們是擁有抉擇能力的心靈，那麼，我們就有權決定，究竟要選擇小我的地獄還是聖靈的天堂。沒有人可以代替我們作此選擇，也沒有人能夠把我們推入地獄或帶進天堂。一切操之在我，主導權始終在我們心內。儘管這個選擇不代表終點，但它足以引領我們走出沙漠。一旦認清「你應該」不過是我們的選擇，而這個決定又能隨時修正過來，我們便擺脫了巨龍的威脅。由此可見，只要切身反省自己信奉的世間價值觀，包括對關係、工作、疾病、政治、經濟，或對整個世界的種種看法，表示我們的心靈已經產生了根本的質變。

我接著會舉出幾段與「獅子階段」相對應的〈練習手冊〉引文。在此之前，不妨先回顧一下我們如何一路走到這兒的。

小　結

　　本書談的主題是靈性之旅，結果卻由最不靈性的地方下手，要我們先學習過好凡俗生活，知道如何適應世界。一個人必須先融入世俗價值觀，等他步入中年或到達相當成熟度時（無論幾歲），才會真正看透這個世界既無意義也沒有價值，因為它根本給不了上主的平安。凡是和這個唯一真實有價值之物沾不上邊的，豈有任何價值可言？

　　為此，人生第一階段（也就是尼采說的駱駝階段）必須謙遜地承擔世界的重負，在紅塵中安頓身心，最好過得如魚得水。這可不是容易的事，幸好我們無需做到盡善盡美，只求活得真誠就夠了。印度教有一項傳統，男人必須承擔家計，等到把孩子拉拔大之後，他便能離家追尋心靈的理想。我不清楚留下來的妻子該怎麼辦，這是另一個議題，但就某種意義來說，印度男人的養家傳統等於是善盡駱駝的責任——學會世間的生存藝術，同時發展健全的自我意識，然後再進入人生的下一階

段。因此，駱駝階段的我們相信人間一切饒富意義，且能滿足自己所願，我們好似對世界說「是」。直到有一天能夠後退一步，反觀此生，我們會發現自己再也不稀罕世界的禮物了。

我們終於睜開雙眼，意識到自己所置身的荒漠寸草不生，毫無希望可言，第二段蛻變便悄悄降臨了。此時，我們會發自肺腑說：「一定還有另一條路才對！」一定還有另一位老師，或是我們熟悉的任何象徵。心靈從此開始脫胎換骨，蛻變成為獅子。過去捧在手心當寶貝的，如今看來一文不值。容我再提醒一次，我們必須先走好第一階段，第二階段的蛻變才可能發生。

所謂質疑自己的價值觀，必然是指心靈層次的反省，形式則不一而足。前文說過，我們未必需要改變自己的行為或身分，比如立刻辭去工作，甚至放棄自己的本行與家庭。我們不妨從自己信賴的公眾人物開始，不管是民意代表的說詞、新聞媒體的報導，或周日教會的宣道，長年以來聽慣了的道理，如今不再那麼天經地義，這表示我們的價值觀已經開始鬆動了。由遠而近，我們接著可以反省自己身邊重要的人際關係（其實是所有的人際關係），然後就會慢慢看清，這些交情背後暗

藏的盡是特殊利益的交換。甚至，我們會意識到自己的家庭或事業早已只剩空殼子，還會發現原來自己如此熱愛特殊性，自以為所作所為皆出於愛與責任，而對背後的小我思想體系視而不見。如今，我們終於徹底認清，這些人際關係和真愛或幸福一點也沾不上邊，它們不過是小我的藉口，讓我們理直氣壯一直評判下去，在幻相世界愈陷愈深。

因此，不妨就從自己目前可以面對的層面開始質疑，包括我們的工作與人際關係，或是我們對疾病、政治、經濟的看法。最重要的是，我們心裡十分清楚，質疑外在人事物，乃是為了反照出自己內心究竟作了什麼決定。若不懂得把焦點從外境拉回心內，我們根本無從學習與實踐耶穌的真實教誨。請記得，之所以重視我們在人世間的種種經驗，目的只有一個，就是要透過外境來了解自己內在的心態：

> 你眼中的世界，⋯⋯是描述你內心狀態的外在
> 表相。（T-21.in.1:2,5）

為此，我們必須謹記於心，特殊關係指的並非我們和他人之間的關係，而是抉擇者與小我之間的關係。同

理，當抉擇者選擇以耶穌為師時，神聖關係便出現了。準此而言，我們和別人到底是特殊關係還是神聖關係，不過反映出心靈究竟選擇了妄念還是認同正念。因此，特殊關係只有一個，神聖關係也只有一個。容我再說一次，所有建立在身體上的關係，若非反映出小我的投射，就是反映出聖靈的倒影，兩者均出於心靈的選擇。不管是私人的交情、職場裡的關係，甚至是自己對公眾人物的評價這類的虛擬關係，只要我們反身質問一下，就會發現這些關係全屬於交易行為。值得慶幸的是，勇於質疑自己的關係，意味著我們已經願意睜開雙眼，我們終於敢正視自己內在與小我的勾結有多深了。

　　如今，我們不難理解海倫與比爾當年那段心路歷程。在他們註定相遇並且願意共同找出「另一條路」之前，兩人必然都已痛下決心放下小我，不再看重小我帶來的種種衝突、憤怒、判斷和苦難了。由於當時他們依然相信彼此的關係是建立在形體上的，這個決定仍得透過兩人的互動才能呈現出來。無論如何，海倫與比爾能夠改弦易轍、聯手另尋出路，關鍵在於兩人心內作出的那個選擇。我們再次看到了，唯有透過外在的互動才能回到內在的層次，〈正文〉有言，知見「只是賦予你的

願望一個有形圖像或具體形相，使你的夢想儼然如真」
（T-24.VII.8:10），說的正是這個意思。

　　作為獅子的我們，實在需要時時覺察自己的人生經
歷，進而看穿世界根本不是自己認定的那一回事；不論
是成家立業、名利雙收或是美好的人際關係，都無法為
我們帶來上主的平安。唯有開始質疑小我本身的價值，
我們才會甘心對所有人間價值作全面的反思。當我們在
駱駝階段時，並不知道還有心靈，我們只把自己當成在
紅塵中討生活的一具身體，日復一日地和其他身體打交
道。既然意識不到心靈層次，故當我們願意質疑外面的
一切，等於幫抉擇者開了一條生路，終於說出：「一定
還有另一種看待事物的眼光才對！」如果能夠盡快領
悟出，改變自己對別人的看法，其實正反映著我們對自
己看法的改變：「我再也不是罪咎之子了，我是上主之
子。」這是《課程》說奇蹟能幫助我們節省時間的原
因（T-1.II.6）。奇蹟放諸四海皆準的原則即在於此。否
則，每一段關係、每種工作處境，或世界發生的大小事
件，如果都需要我們逐一去轉換眼光，那我們還有療癒
的希望嗎？因為有待寬恕的具體事件不知凡幾，除了地
球上幾十億的人口、數百萬其他的生物物種，還有變化

莫測的生存環境，哪裡寬恕得完？幸好，我們只需把一切有形可見的問題帶回問題的源頭，也就是「我究竟要認同小我妄念，還是耶穌正念」這一選擇，整個局勢就改觀了。透過一視同仁的眼光，我們會認出所有的錯誤知見（也就是妄心對外在世界的詮釋），全都源自心靈那「一個」錯誤決定。於是我們終於明白，只要解除心靈「選錯老師」這個原始錯誤，我們所經驗的世界必會隨之改觀的。

〈練習手冊〉第七十六課「我只受上主天律的管轄」裡深入談到獅子階段，接著就來看看這幾段課文。

「我只受上主天律的管轄」

耶穌期待我們逐漸蛻變為獅子，不僅對自己迄今認為神聖不可侵犯的一切（也就是種種特殊性）提出質疑，還要反省我們與自己的身體以及與他人身體的關係。《課程》諸多章節裡透露了耶穌這份期許，其中尤以〈練習手冊〉第七十六課講得最直接。這一課列舉

許多我們萬分重視的生存「法則」，包括了吃藥就能改善身心狀態的「醫藥法則」、生病必會讓我們苦不堪言的「疾病法則」、能滿足我們特殊需求的人就會讓我們感到幸福的「特殊關係法則」。最後，當然少不了「鈔票」和「銅板」可以讓我們活得稱心如意的「金錢法則」（T-27.VIII.2:2；W-76.3:2）。耶穌希望我們非常具體地反思這些我們奉為圭臬的價值觀。

（1:1）我們已經觀察反省過，你曾把多少荒謬的事物視為你的救恩。

在駱駝階段，我們已經學到很多本領來提升自我的良好感覺。比方說，我若用功唸書拿到好成績，畢業後便能找到理想的工作；如果我找到比較好的工作，待遇就會比較優渥；如果我能在工作上實現抱負，人生就會更為幸福美滿。這便是世界眼中的救恩，講的不外乎人際關係和諧、家庭圓滿、身體健康這類的目標，方方面面都符合自己的標準。初出茅廬的人沒有不吃這一套的，畢竟想要在社會上立足，總得從善如流才行。然而，我們遲早會發現，自己要的並不只是生存而已，直到我們想要更多之時，就是準備進入下一個階段的時機了。若要成為一頭獅子，我們必須懂得質疑自己的一

生。這正是第七十六課的用意所在。

（1:2~3）**結果，每一物都反過身來用如它自身一般荒謬的法則來囚禁你。其實它們束縛不了你的。**

　　只要我們還把自己當成一具身體，**必然**受制於這些人間法則。因此，擺脫束縛的關鍵，便在於認清自己並不是一具身體，像查拉圖斯特拉那樣將自己提升到戰場之上。一旦與心靈認同，分裂的世界和罪咎的烏雲便再也影響不到我們了。然而，這可不是叫我們全盤否認身體的需求，前文已再三提醒第一階段的重要性。這一課教我們明白，獅子所要否定的，只是我們賦予身體的價值；因著我們對身體的重視，而讓自己陷在夢境中難以自拔，完全忘了「心靈選擇小我」這一決定才是**始作俑者**。小我最厲害的一招，便是讓我們死抓著身體不放，永遠淪於失心狀態，藉此斬斷我們出離夢境以及回歸天鄉的去路。

　　只要把世間任何事物看得很重要，就會讓我們一直困在人間。而我們之所以賦予它們價值，其實是別有企圖的。人們為何寧可相信謊言，好似令人費解，但其實不然，因為我們本來就是謊言之子，源自一個原始

大謊，認為自己可能活在造物主之外。從這個原始幻覺
衍生出來的一切，自然具有相同的謊言本質。這種說法
絕非空穴來風。想想看，為何我們明明知道政治人物會
說謊，卻還是繼續相信他們所說的話。這和我們隸屬哪
個政黨、信奉哪一派主義，或是這位政治人物的長相如
何，都沒有任何關係。追究到最後，真正的理由就是**我
們希望謊言成真**，因為唯有這樣，我們特殊的個體身分
才能繼續假戲真做下去。

　　要我們不再相信任何人說的任何話，實在是非常可
怕的事。然而，二千五百年前的蘇格拉底卻認為這是絕
頂睿智之舉。可還記得〈正文〉尾聲提過這段話：

> 世界最怕聽到的就是你這一自白：
>
> > 我不知道我是什麼，也不知道自己在
> > 做什麼，或身在何處，更不知道該如
> > 何看待世界，或看待自己。
>
> 你若學會如此自白，救恩就來臨了。你的真相
> 便會向你啟示它自己。（T-31.V.17:6~9）

　　既然誕生在世上的人全都是那個原始謊言投射出來

的成品，表示我們所有人都不能不撒謊。就連我們的一口呼吸，也等於為小我的分裂夢境撐腰，證明自己真的在形體世界的大夢中生生死死。依據「觀念離不開它的源頭」這個基本原則，源頭若是謊言，衍生出來的每個概念與投射，當然也無一不是謊言。所以〈練習手冊〉有這麼一段話：

> 世界是為了攻擊上主而形成的。……為此，世界成了上主無法插足之地，聖子在此是可能與上主分庭抗禮的。（W-PII.三.2:1,4）

如果世界**真的是**我們內在攻擊之念所投射出來的，它所教導的一切還能相信嗎？如果身為聖愛與真理的上主根本不在這裡，那麼，任何神智清明的人怎麼可能留戀世界許諾的禮物？但事實擺在眼前，我們太想要這種禮物了！顯然，我們留在這裡是出於自願，全都像中了妄念的蠱似的。

為此，我們需要好好反思一下自己為何如此珍惜世界的騙局，即使內心有一位明師指點，我們仍然寧可聽信幻覺。無可否認的，每個人在意的只有**我、我、我**（me, myself, I），我們只關心這個與眾不同的我以及個人

利益。這就是人類的存在現實。為了滿足自己的特殊需求，我們不惜採取任何手段也要否認你我一體的真相，罔顧那將我們結合在一起的同一心靈。在這個**五花八門**的世界裡，就算我們有能力分辨種種謊言的虛假程度，但只要還認同生老病死的自然律，我們便無法否認自己真的活在世上這個大謊言。事實上，我們始終是超越時空的心靈，這一真相即使在幻境中依然屹立不搖。當我們能夠接受每一個人都是分裂心靈的一部分，表示已經準備好覺醒於真相了，我們遲早會憶起自己的真實身分原是一體天心的延伸。

獅子已經完全明白我們的價值不是由身體和世界來界定的，所以才能一舉摧毀巨龍和牠的鱗片。再說一次，這股摧毀力量所憑藉的，絕非刀劍武器或任何世間的力量，而只是溫柔微笑地面對小我。我們只要仿效查拉圖斯特拉，在巨龍身旁載歌載舞，巨龍就會不知所措而消失得無影無蹤。可記得莫札特倒數第二部歌劇、也是他最美妙的作品〈魔笛〉，劇中就有一幕類似的迷人場景：英雄塔米諾發現自己不知何時陷身於一群猛獸之中，為了緩解內心的恐懼，他掏出懷裡的魔笛，款款吹起悠揚悅耳的笛音；原本兇神惡煞般的野獸開始聞音起

舞，最後，一個一個頹然躺下。我們不妨如法炮製，對小我之龍吹起神奇的寬恕魔笛，巨龍就會在溫柔的樂音中變成一隻小狗。或者換一個比喻，再凶猛的野獸也會變回一隻小老鼠，在宇宙一隅喊得聲嘶力竭也沒人聽見（T-22.V.4）。所以才說，根本沒有必要和小我正面對抗，因為它從來不是什麼怪獸，我們只需寬恕一下，就會化干戈為玉帛了。

換言之，並非世界把我們囚禁在這裡，而是我們**自願與世界同流合污**，甘心活在謊言中的。若要測試一個人是否撒謊，只需看看他的言行舉止，如果他重視之物不是以**整個**聖子奧體為考量，也就是不符合共同福祉原則，他便是活在謊言中。這個試金石屢試不爽。過去有這麼一句話：「只要亨利季辛吉一動嘴皮子，就知道他是在說謊。」不僅這位前美國國務卿適用這個說法，我們也一樣，每個人都在說謊，沒有人呼吸時完全不牽動嘴巴的。因此，在共同福祉與個別利益之間作何取捨，成了我們一輩子的功課，而且還得十分警覺，只要遺漏了聖子奧體的**任何一位**，等於排斥了所有的人。秉持這個原則，我們就再也不會誤入歧途了。

無可否認，個別利益法則正是這個世界運作的最高

法則，第七十六課列出的其他法則，全都建立在這一基礎上。我們之所以會打造出小我以及這個物質世界，正因我們相信在上主之外，還有其他「好處」值得追求。光憑這一點，便足以判定我們是否已經真正蛻變為獅子，並且朝小孩階段邁進，或者依然想當駱駝，只是外表裝得像獅子或小孩而已。換言之，我們最需要反躬自問的問題應該是：「我是否真的願意捨棄打造出這個世界的思想體系，或者我其實想在世上站得更穩、混得更得意？」不幸的是，許多形式化宗教與靈修法門，反倒成了對抗真實信仰與靈性的致命敵人了。它們宣稱要幫助人們擺脫世界和那套分裂體系，實際上卻是讓人們在紅塵中愈陷愈深。容我再說一次，任何學派若不能包含所有人而且**絕無例外**，那就是一個警訊；這樣的法門絕無可能帶領我們超越分化與對立的表相層次而進入內涵層次，並認出那唯一能夠結合我們的真愛的。

因此，這一課舉出的法則全都在為個別利益撐腰。接著，我們複述一下剛剛那段引文的最後一句，然後繼續往下讀：

（1:3~6）其實它們束縛不了你的。但若要了解這一事實，你必須先看清在它之內沒有救恩才行。你若還想從

那些無意義的東西中尋找救恩，你就被箝制在那些荒謬的法則下了。那等於想在沒有救恩的地方，證明救恩的存在。

這段話明白點出《課程》的一個核心觀念：救贖就在我們心中，不在於世上的任何儀式、書籍、聖地、宗教人物或各種神明那兒。救贖只會出現於我們作抉擇的心靈裡，因此，想要在這個早已失心的二元世界尋找救恩，只會招致更多的挫折以及療癒的幻覺。事實上，心靈中**真有療癒能力**的法則唯獨寬恕而已，因為它乃是上主完美一體的天律在人間的倒影。唯有與個別利益截然相反的共同福祉，才化解得了以分裂與特殊性起家的小我思想體系。

（3:1~5:1）你為拯救自己而定的種種詭異又扭曲的法則，其實束縛不了你的；不妨想一想，這一認知所帶給你的自由。你真的認為，你若不囤積一疊疊鈔票以及一堆堆銅板，你就會餓死？你真的認為，一粒小藥丸或用尖尖的針筒把一些液體注射到你的血管裡，就能防止疾病與死亡？你真的認為，沒有另一具身體陪在身旁，你就落單了？

只有神智失常的人才會有此想法。你卻奉它為自然律，冠之以種種名稱，還以一堆無用又無稽的名堂加以分門別類。你認為自己必須服從醫學、經濟及健康的種種「定律」。只要保護好身體，你就有救了。這算什麼自然律，根本就是瘋狂。

只要認同了身體，上述這些自然律便顯得天經地義。經驗告訴我們，身體會生病也會復元；身體落單時，找另一個身體陪伴，有時會好過些；更不用說，身體若不進食一定會饑腸轆轆，還可能餓死。但話說回來，耶穌從未說過我們應該漠視身體的需求與感受，也沒說餓了不該進食、生病不該吃藥，或孤獨時不該找人陪伴。他只是希望我們能夠退後一步，與他一起反觀一下，看穿小我想令我們徹底失心的企圖，只有在這個視角下，我們才會恍然大悟，「試圖保護根本不存在之物」是如此的荒謬。這正是《奇蹟課程》所要傳授的慧見，在〈正文〉、〈練習手冊〉和〈教師指南〉中俯拾皆是，其中最具代表性的一段如下：

> 它〔身體〕不會因你的懲罰而受苦，因為它沒有感覺。它只會按照你的心意行事，從不自作主張。它不生，也不死，只是漫無目的卻亦步

亦趨地任你安排它的道路。你若改變方向，它
也會輕鬆地隨你轉向。（T-28.VI.2:2~6）

可還記得查拉圖斯特拉的那頭巨龍？牠身上披著成
千上萬片刻著「你應該」的鱗片，最後可以歸納為這一
片：「你應該好好當個小我，而且不准再回頭正視它的
面容！」我們拜倒在「你應該」這個形上的天條之下，
不僅打造出一個世界，還把小我的基本價值奉為聖旨。
問題是，小我**究竟**是什麼模樣？任何鏡子或他人都照不
出它的「尊容」的，因為小我只是我們心中一念罷了。
唯有晉升到獅子階段，我們才敢反身自問：「活成一具
身體的價值何在？活得這麼委屈求全又是為了什麼？」
耶穌要我們看到人類是如何把靈修傳承扭曲成這種「你
應該」的狀態，還無所不用其極地將上主拉進自己的世
界，不只將身體弄假成真，甚至連它的源頭（小我的妄
念思想體系）也搞得一副不可一世的模樣。這種修行傳
承不論多麼誘人，也絕不會帶來上主的平安的，因為它
崇拜的是小我之神，而小我給的假平安永遠都要別人付
出代價的。

容我再說一次，耶穌從不鼓勵我們否認自己的身體
或感受，〈正文〉前幾章已經講得再清楚不過了（T-2.

IV.3:8~13）。他只希望我們從更大的視野，也就是和查拉圖斯特拉一起提升到雲層或世界戰場之上，從那兒俯瞰人間種種，我們整個眼光就會煥然一新。如果我們聽從小我的指揮，靠肉眼去看，靠大腦去詮釋，註定會把分裂當真並且崇拜特殊性的。唯有透過正見思維（也就是基督慧見）去看，才可能推翻我們舊有的想法，再也不會相信小我那套「幻相有層次之分」（T-23.II.2:3）的法則了。如此一來，萬物在我們眼中全是同一回事，每個分裂心靈外表的差異實在微不足道，它們最多只能算是擋在救贖終點之前的一個小小岔路或小小插曲而已，完全礙不了事的。

　　〈練習手冊〉到了相當後面的課文，耶穌才說出為何我們只受上主天律管轄，最根本的原因就是我們並不是身體。現在，就讓我們一起來讀第一百九十九課：「我不是一具身體，我是自由的」。

「我不是一具身體，我是自由的」

〈練習手冊〉第一百九十九課一開頭，耶穌就鼓勵我們質疑自己為這具身體所賦予的價值，開始承擔獅子的任務。當我們回到心內的抉擇者那裡，也就是發生「我決意」（I will）的原點，那象徵世界法則的巨龍鱗片便再也束縛不了我們了。小我告訴我們，唯有追求私利、踩著對手往上爬、利用別人來填補自己的身心匱乏，才能讓自己活得更好；如今，抉擇者終於能夠質疑這些說詞了。換言之，獅子所質疑的正是「非此即彼」那種價值觀，重申改換新價值觀的權利。獅子雖然尚未擁有創造或選擇新價值觀的能耐，但至少他已經邁出一大步，能夠質疑過去珍惜的一切了。

（1:1）只要你還把自己視為一具身體，你就絕不可能自由。

「自由」這個主題，長年來廣受大眾討論，其實，人們談的並非真正的自由。一如前文所言，如果我們頌

揚的自由民主並未把**全部的**人都包含進來，這種自由就
只是虛晃一招、掩人耳目罷了；凡是會加深分裂或強化
差異性的說法與主張，都不值得我們採信。話說回來，
我並非慫恿大家放棄選舉的權利，或乾脆連投票都別去
了；我只是提醒一下，當我們興沖沖趕去投票時，最好
意識到自己正把票投給一個撒謊的人。此人隸屬哪個黨
派一點也不重要，反正沒有一位候選人會關注**全體**人類
的自由。不過，我們也別忘了，是我們自甘被騙才會相
信他們的謊言，因為小我思想體系和我們的個體身分都
需要那套謊言作為護身符。要不是我們先認同了自己乃
是謊言之子，否則豈會如此輕易相信別人的謊言？

　　為此，唯有放諸四海皆準的說法才值得我們相信，
即使它的表達方式是針對個別群組，但**內涵**上必須包含
全體人類，絕無任何的排外傾向；既不會因為性別或性
取向而有差別待遇，更不會因為種族、政治、國家或宗
教團體的不同，而判定這個比另一個更好、更神聖或更
健康。事實上，若非我們執意將小我思想體系弄假成
真，否則怎麼可能對那種標榜差異性的說詞照單全收？
不管我們談的是哪個國家元首或政黨領袖，都毫無差
別；只要是分化人類的，就絕對不可置信。有鑑於此，

唯一該反問自己的是：「為何我們如此眷戀那些既不真實又顯然違逆真理的事情？」

　　奇蹟團體裡也經常發生類似現象，值得我們深省。許多學員反覆研讀「一體精神」或「共同福祉」這類美妙的奇蹟觀念，眼睛卻只盯著某個小團體的利益，依然故我地過日子，彷彿這些課文對他們的生活產生不了任何作用。這個矛盾現象恰恰反映出分裂心靈的運作方式。凡是不能套用在**所有人**身上的價值觀，就毫無價值可言。這個原則看起來簡單明瞭，但若要真正發揮這個「無分別取捨」之原則時，不妨留意一下自己內心的抵制。當我們認出生命的一體性以及世間價值的虛妄，這個真相必會勾起人心莫大的恐懼，因為我們畢竟都還認同身體，十分眷戀罪咎與特殊性的世間價值——這正是尼采感受到的「恐怖」！

　　容我再說一次，我們要質疑的，並不單單是某一事物或某一價值觀，而且還包括正在提出質疑的「我」，這才是恐怖的終極原因。試想，為何整個世界都如此抵制這種釜底抽薪的質疑？為何我們每個個體生命也同樣拒絕作此反思？若能看清箇中玄機，對我們絕對有莫大的幫助。不過也請留意，追究真相的過程往往會勾出我

們自責的反應，忍不住懊惱過去妄信謊言那筆糊塗帳。這種自我批判其實毫無必要，因為本來就只有愚昧至極的人才會來到這個世界。記得多年前有一部小說改編的電影〈愚人船〉，我們和那船上的乘客一樣，都相信**真的有**這麼一艘船航行在大海上，船上的種種經歷真的已經發生，但其實一切不過是一場大幻劇罷了，也就是諾斯替教派的大師華倫提努（Valentinus）所說的「幽靈幻境」。的確，我們在世上的所作所為，全都離不開愚痴、瘋狂和殘忍；而整個人類始終懷抱著同一幻覺，幻想在真愛之外找到幸福。只要認定自己活在世上，沒有人不是這麼想的，難怪要化解這一切成了漫長的旅程。除非我們能夠以寬恕與仁慈對待同樣瘋狂的自己與他人，漫長的化解過程才有縮短的可能。

畢竟而言，個體生命就是靠分別取捨起家的，「評判」正是小我分裂思想體系的台柱。在這個分裂體系之下，我們判定自己必須與上主一刀兩斷才能活得更好。一旦決定與祂分道揚鑣，我們一定同時把愛推走了，因為在涵容一切的聖愛之前，充滿批判性的特殊之我毫無立足之地。我們寧可聽信小我的一面之詞，與自己的終極源頭互不往來，藉此擺脫天堂一體生命的威脅，同

時反過身來為自己定了罪。這份罪惡感最後只能往外投射，轉變成對外面所有人事物的批判，幻想這樣才能解除自認為罪該萬死的痛苦。

「評判」既是小我思想體系的命根子，因此，《課程》十分重視「放下評判」的功夫，包括了不評判「自己的評判」。不妨回想一下耶穌教導我們的「否定對真理的否定」；「評判」等於否定真理，只要決心不再作任何評判，就是**否定對真理的否定**了。這個道理至關緊要，〈正文〉有這麼重要的一句話：

> 你無需稱之為罪，……不要讓罪咎壯大了這一錯誤的氣勢，……最重要的是，**你不必怕它**。
> （T-18.I.6:7~9）

我們大可不必因為自己淪落人間，愚昧地放縱需索無度的特殊性，而對自己或別人口誅筆伐；我們只需徹底看清自己耗盡一生都在追逐特殊性，這樣就夠了。如今，我們終於意識到自己深陷沙漠的窘境，才可能真心說出「我再也不要這樣下去了」。這一轉折，正如耶穌描述「上主的平安」所說的：

> 只說這一句話〔我要的是上主的平安〕，不算

什麼。但真心說出這一句話，則代表了一切。
（W-185.1:1~2）

這正是關鍵所在。問題是，我們一點也不想要這種反映天堂一體生命、涵容一切的平安。我們更喜歡小我的平安（the peace of the ego），才會寧可著眼於聖子奧體的碎片（the Sonship in pieces）。

等我們能夠徹底寬恕自己時，自然不會再妄下評判了。巨龍也無需我們趕盡殺絕，它僅僅是「失去了那虛幻的存在」（M-14.2:12）而已。只要我們不再批判自己，也就是不再因為背棄了聖愛而定自己的罪，自然不會生出任何罪惡感。既然了無罪惡感，也就沒有什麼好投射的了，表示我們不再輕易評判任何人，因為我們已經體會出每個人都承擔著相同的恐懼和瘋狂，故能真誠慈悲地善待**所有的**人了。

（1:2）身體即是限制。

這表示身體本身就是一個謊言，它既是限制，也是為了設限而造的（T-18.VIII.1:1~4）。它代表那套為限制而設的思想體系，象徵著天父的盡頭以及聖子獨立出去的那一點真的存在，完全否定了天堂的無限本質。**我**

們就這樣被小我的謊言困住了，活成一個處處受限的自我，與天堂的一體生命絕緣。明知如此，我們為何還要聽信身體所說的那套始終著眼於限制的謊言呢？

（1:3）**想在身體內尋找自由，無異於緣木求魚。**

　　我們永遠無法在身體內找到自由的，形體世界也一樣不可能；因為自由只存在於超越身體的一體聖子心中，無論在幻境或實相裡皆然。如果我們能夠由正見心境去看世界，便能越過表相差異，認出一切眾生毫無不同。在形形色色的外表下，好人**以及**壞人其實都是同一回事，受苦者和加害者也沒有任何差別。我們終於明白，每一個人之所以完全相同，只因所有的人莫不相信自己是一具身體。這種徹底的神智失常，推到究竟，乃是肇因於我們與神聖源頭分裂的那瘋狂一念。

（1:4~5）**只要心靈不再把自己當成一具身體，甘受它的束縛和庇蔭，它就自由了。如果心靈真得靠身體的庇蔭，那它真是不堪一擊。**

　　依據「觀念離不開它的源頭」之原則，倘若身體是不堪一擊的，心靈必然也是如此；反之，我們若明白了心靈是愛的永恆居所，百害**不**侵，那麼身體也完全沒有

脆弱的道理了。在形式層次，身體仍然可能受傷，但**我們不再是一具身體**。為此，所謂的百害不侵，不是因為我們練出金剛不壞之身，而是由於**我們已經不再把自己當成身體了**。由此推之，身體的脆弱必然也只是幻相，它其實是沒有感覺的，其中原委前文已經解釋過了。

問題是，當我們依然認同身體時，實在難以體會這番深奧的道理究竟與自己有何關係。瞧瞧自己，兩手正拿著這本書，兩眼閱讀文字，或許順手寫下筆記，甚至還用大腦思考並詮釋自己讀到的內容，顯然我們都認同自己就是這具身體。沒有錯，想要打破小我的銅牆鐵壁萬分困難，除非我們鍥而不捨地著眼於共同福祉的價值，才可能切斷自己和小我的連結，轉向與心靈認同。容我再說一遍，我們並不否認自己是一具身體，我們要否認的，只是自己與其他身體有優劣之分。唯有放下分別取捨，我們才能加速認出自己果真是心靈，只因心靈的一個錯誤決定才會淪落於此。

上述這番的操練，乃是邁向階梯頂端的必經過程。我們必須承認自己目前還在階梯的底層，新老師會溫柔地帶領我們，一步步沿著階梯攀升。只要放下「別人死活與我無關」這種心態，我們自然會有所成長；不管貴

為一國之君，或只是一家之主、一介凡夫，都沒有差別。我們心中只有一個共同目標，就是學習攀登階梯，最終蛻變成小孩。在這個大原則之下，就算我們的外在作為看似謀求私利（經營企業畢竟要在商言商），但我們仍然可以和查拉圖斯特拉一起升至雲層之上，笑看一切。我們就像普通的生意人、家長或一般公民，為所當為，作那個角色該作的決定，但我們不再執著於結果而擾動了內在的平安。如今，我們看重的價值唯有共同福祉，也就是〈正文〉第十九章說的「若非同心，一切枉然」（T-19.IV.(四).12:8），一舉凌駕於巨龍的鱗片之上。這條奇蹟之路，終會帶領我們由身體轉向心靈，加速我們的療癒。

　　我們只要持續不斷地練習，便能逐漸放下自己和別人身體的重要性，撤回我們對身體的投資，這就等於是把投資轉向心靈的價值了。在這個轉變過程中，我們可能毫無自覺，只會意識到自己過著與常人無異的日子，內心卻不再像過去那般容易受到騷動。無論外面發生什麼事情，我們都能平安喜悅地度過一天。然而，這並不表示身體永遠安然無恙，也不表示不用去照料自己的疾病；它只是意味著平安成了我們心靈的常態，就如海倫

〈在寧靜中醒來〉這首美妙詩篇開頭所言：「平安籠罩著你，內外皆然……」（《天恩詩集／暫譯》P.73）。無論世界如何變化，我們都一樣心安神定。在平安的籠罩下，我們便能透過基督慧眼去看待一切，我們的所知所見洋溢著平安，這種平安也自然籠罩了一切有情眾生。

前文已多次強調，我們無需否認身體，而是當我們讀到這類教誨時，務必記得自我警惕一下：「我了解這些道理，但顯然尚未活出那種境界。然而，我願意起而力行，朝那個目標邁進。即使我還沒準備好接納純潔的基督自性，成為尼采心目中的『小孩』，但我至少已經勇於質疑世間的價值觀（也就是那套出自罪咎與特殊性的小我思想體系）了。」真正有心的學員肯定會如此發願的，**除非我們志不在此**。一切的關鍵，就在於能否承認自己並不想要改變現況。說到底，害怕去承認這一點並不是罪過，也不代表我們缺乏靈性。反之，能夠意識到這一抵制心態會讓我們變得誠實——這或許是我們這輩子頭一遭說出真話呢。如今，我們終於能夠拒絕活成謊言之子，並且也證明了自己有潛能在人間反映出真理之境。

（2:1）**事奉聖靈的心靈是永遠不受限制的，不論從哪一**

角度來講；它超越時空的法則，不受制於外在任何成見，它也有能力完成任何要求。

　　正念之心選擇事奉聖靈，這一決定所展現的正是尼采說的**強力意志**。我們其實是毫不受限的，就如同剛才所唸的：「不論從哪一角度來講；它〔心靈〕超越時空的法則，不受制於外在任何成見，它也有能力完成任何要求。」這就是**超人**的非凡力量。我們在世上照常與人往來，唯一不同的是，外境再也騷擾不了我們內心的平安了。面對「好人」，甚至「壞人」，我們都一視同仁，不管別人對我們是褒是貶，全都仁慈相待，只因我們已經明白了所有人全都一樣。為此，我們不再需要別人的掌聲，因為我們內心感受到的愛，已經自我肯定了身為聖子的天賦價值。同樣的，外界對我們的批評責難也無足輕重了，因為我們的價值已經有那份愛來背書。這就是真實力量的展現！哪個神智清明的人不渴望這種力量？又有誰不嚮往可以終其一生，時時得享這份平安，俯仰天地之間？

　　問題是，我們也都有瘋狂失常的另一面，抵死也**不要**平安，寧願屈就當個卑微的小我，可憐兮兮地撿拾特殊性的麵包屑來企圖果腹。為此，耶穌在〈正文〉的尾

聲對我們殷殷相勸：

> 別再拒絕我這小小的請求〔將我們的小我交
> 給他〕了！我在你腳前放置了上主的平安作
> 為交換，給你能力把這平安帶給世上每一個
> 驚惶不安、孤獨憂懼、飄泊流浪的人。（T-31.
> VIII.7:1）

只有神智不清的人才會拒絕這種請求。正因人類的
瘋狂，耶穌才需要如此循循善誘，不斷以溫柔的真理之
光安撫我們。

駱駝面臨的挑戰，就是在人間功成名就之後，能否
捨得下自己一手打下的江山。這必然是莫大的考驗，
因為我們還不知道駱駝階段只是整趟生命旅程的一個
開端，並不代表全部。駱駝努力融入社會，接納世俗價
值，而我們學習這些生存之道，最終目的是要讓自己認
清世界只是荒涼沙漠，不值得留戀。然而，痛下這個決
心並不容易，因為我們對那位明師所指引的目標實在太
抗拒了。即使活得苦不堪言，我們也苦得很充實，很有
成就感，只因為這樣就可以怪罪別人，大快小我之心。

接下來，耶穌開始描述已重獲自由的心境：

（2:2~4）攻擊之念是不可能進入這種心靈的，因它已回到了愛的源頭；凡依止於愛的心靈是不可能恐懼的。它安息於上主之內。凡是活在純潔無罪之境而且只以愛為依歸的心靈，怎麼可能害怕任何東西？

當我們與聖靈或耶穌同心一志，表示我們已接受祂的價值觀，不再隨小我起舞。因此，別人做什麼，對我們已無關緊要了，他的攻擊之念也無法侵擾我們的平安，更不可能激起我們任何報復之念。換言之，內心一旦充滿光明，黑暗自然失去立足之地。從形上層次來講，黑暗並非實質的存在，它只是代表「光明不在」這種狀態而已。為此之故，已進入「小孩」階段的心靈，再也不受罪咎或恐懼的陰影所困了。

所謂的人間之愛，就是仁慈對待一切有情與無情眾生，只因我們同樣都是上主唯一聖子分化出來的碎片。耶穌在〈正文〉罕見的禱詞裡有這麼一段描述：

> 即使是一粒微塵，你一旦認出它是聖子整幅畫像的一部分，立即顯得神聖無比。每一碎片呈現出什麼外形並不重要。因那一完整本體存於每一部分之內。上主之子的每一部分與其他部

分毫無不同之處。（T-28.IV.9:4~7）

每個人都配得真愛，因為我們同屬於愛的一部分；我們也同樣瘋狂地耽溺夢境，故從夢中覺醒成了我們的共同目標。在此共同理想下，特殊性頓失立足之地，我們再也不需要把自己修得多麼神聖或多有靈性了。事實上，什麼都不需要做，甚至連寬恕都用不著了。我們只需反身質疑過去秉持的價值觀，然後一一放下，如此一來，我們等於允許天賦的純潔本性重現光明，不再任由攻擊之念蒙蔽雙眼。這一寬恕過程，可說已把天堂的完美一體性這個「價值」體現於人間了。

（3）你若想在此課程中進步神速，不只應接受今天的觀念〔我不是一具身體，我是自由的〕，還要無比地珍惜才行，這是練習的關鍵。即使這一句話在小我眼中簡直是精神錯亂，不必擔心。小我對身體也是無比地珍惜，因為它以身體為家，自然會與它所營造的家相依為命。身體本身即是幻相的一部分，它還會掩護著小我，讓它無從看出自身的虛幻。

我們早已徹底認同小我的分裂思想體系以及它所投射的身體，難怪「我不是這具身體」這句話，在我們聽

來簡直是瘋狂之論。當活在雲層之上的查拉圖斯特拉告訴人們：「烏雲一點兒也不礙事，只需微微笑、跳跳舞，就沒事了。」他自然會被視為瘋人瘋語。就因我們不只是謊言之子，還是瘋狂之子，也難怪非得耗費一番工夫方能扭轉過來。我們心內有一部分會大聲抗議：「門兒都沒有！老子才不屑回歸心靈！我就愛自己這副德性，活得再慘也值得！」

我們一旦向小我投誠，緊接著就會把《課程》和耶穌拉進自己的世界。特別當外境非常逼真時，我們理所當然會向內在老師討救兵，要求他不但要出面解決問題，還得安撫我們「一切妥妥當當」。這一招就把耶穌變成與眾不同的「異類」。然而，事實絕非如此，耶穌和我們**毫無**差別。只要我們願意進入他的層次，而非把他拉進自己的世界，我們便會明白，在本質上他和我們完全一樣。另一方面，要求耶穌解決我們的問題、滿足我們的需要，不但會把他變成特殊人物，還會賦予他凌駕於我們之上的能力。真相是，耶穌根本無法代替我們改變心靈，號稱他有此能耐的說法都是騙人的，他也一再叮囑我們千萬別上這個當。為此，我們不該相信可以搞定疑難雜症的那種耶穌。這位能夠呼風喚雨的耶穌，

其實是自甘軟弱無能的我們所投射出來的，只會讓自己在夢境愈陷愈深，永無脫身之日。尼采抨擊的正是這種耶穌，他對那些自封為耶穌代言人的神職人員也同樣嗤之以鼻。雖然，當年的尼采並不了解真正的耶穌其實就是我們的正念之心，但他很篤定絕不追隨《聖經》裡的那一位。這份堅持倒是無比正確。

　　《聖經》處處強調耶穌是那一具身體，而且跟我們毫無相似之處。凡是自認與眾不同且因而自命不凡之人，都是一派胡言，不值得我們信任。我們也不可相信自己擁有別人所缺的特殊價值。每個人的外表可能大不相同，但存在的內涵永遠一樣，因為上主之子始終只有一位。為此，〈福音〉裡那位特殊的耶穌，也和所有人一樣都是謊言之子，請勿把他和《課程》裡的耶穌混為一談。〈正文〉一開頭即已清楚表明，除了時間之隔，耶穌和我們沒有任何不同，何況時間根本就不存在（T-1.II.3:10~4:2）。話說回來，在時間幻境裡，耶穌當然有其特殊之處，因為他已經由小我中解脫了，而且他能夠幫助我們變得跟他一樣，故我們尊他為長兄。這是他唯一的價值。我們賦予這位有形可見的人一個名字「耶穌」，這個名號只是那「非具體」的光明與愛的

一個具體象徵而已。這個象徵就是海倫在她的〈頌禱耶穌〉那首詩中提到的「聖靈」（原詩是「**走過聖嬰，聖人，回歸聖靈**」）。請記得，聖靈是沒有名字或人格的，只有聖嬰和聖人才有。

　　回到這段引文來看，它談的其實就是〈練習手冊〉第一百三十六課裡的「小我的雙重遺忘」（W-136.5）。第一層遺忘是指小我思想體系，作抉擇的心靈在這層遺忘的保護下再也沒有機會選擇愛；第二層則是指身體，已然失心的身體讓第一層防護更加固若金湯。從此，全宇宙唯一幫得了我們的「心靈抉擇能力」，在雙層防護下愈來愈遙不可及。事實上，所有的防衛措施全是騙局，因為它所要抵制的恐懼，本身就是個謊言。既然世界屬於防衛措施的一環，那麼，世上種種的律法與價值觀，以及所有擁護這套遊戲規則的人，自然沒有一個值得我們相信。同樣道理，經常從有相層次評比高下的修行人，表示他仍落在「分別取捨」的小我法則下，因此也不值得我們看重。我最愛提醒大家這句話：耶穌心裡除了「一」之外，沒有別的數字。不管在真實或虛幻之境，唯一有意義的和有價值的數字，就只有「一」。

　　因此，這部課程其實非常簡單。所有人都共享同一

個小我與同一個聖靈，而且也只有一個抉擇者在兩者之間作選擇。究竟說來，連這兩個選項也是虛幻的，因為唯一真實的存在，只有上主。還有比這個更簡單的事嗎？為此之故，我們的目標應該放在如何活出這個單純性，而唯一的途徑就是泯除對人對事的種種分別心。如果所有的人都一樣，攻擊便無由而生，因此，我們若想在世上找到真正的平安，就得放下對所有人（包括他的需求）的分別取捨，也不再把任何國家的利益視為互不相干。準此而言，不要相信任何國家元首的說詞，因為他們的出發點都只是為了自己的國家、自己的政府，以及自己的政治野心。再說一遍，世間推崇的價值觀無不源自於差異法則，這正是小我最厲害的詐騙手法，永遠從分裂與個別利益出發。因此，質疑這些價值觀並且抵制到底，就成了獅子的首要之務。

總結來說，獅子之所以成為獅子，就因為他能夠正視種種世間價值觀，而且說出：「我再也不想要這種東西了。」從此，開啟了一片新天地，也為第三階段的「小孩」敞開歡迎之門。前文提過〈頌禱耶穌〉這首詩，詩中的**嬰孩**對應著尼采的**駱駝**；當孩子逐漸長大變為**成人**，等於駱駝蛻變成**獅子**，獨立自主的獅子終於有

能力後退一步，以嶄新的眼光看待世界。如今，我們內在的獅子也已準備好另創一個新天新地，把舊有的一切拋諸腦後了。未來會如何誠然不可知，但我們十分篤定，此刻的自己絕不想再因循苟且地度日了。

我在前文談過貝多芬的創作生涯分為三個時期，「獅子」可視為貝多芬第二個時期的最佳寫照。貝多芬初出茅廬時，認真勤懇地鍛鍊基本功，堪稱優秀的駱駝，他早期的作品也大多中規中矩地恪遵古典規則。到了三十出頭，他發現自己逐漸喪失聽力，這個打擊讓他一度陷入黑暗深淵。貝多芬對大自然的熱愛，由他的〈田園交響曲〉這部不朽之作可見一斑。一想到往後在維也納森林散步時，再也聽不見鳥兒的歌聲，對他來講簡直生不如死，在那一刻，整個世界和自己累積的成就完全失去了意義。後來，貝多芬發揮了獅子內在的力量，終於譜寫出充滿「獅子風格」（如果有這種風格的話）的〈英雄交響曲〉——開場那兩個雄壯的降E大調主和弦齊奏，完全顛覆世人所熟悉的曲式常規，也讓他的音樂格局更上一層樓。綜觀貝多芬第二時期的作品，除了最負盛名的第五號和第六號交響曲之外，還包括歌劇〈費德里奧〉以及多首奏鳴曲和四重奏。蛻變為獅子

的貝多芬，果然開創了前所未見的嶄新局面。

　　坊間流傳一則貝多芬的軼事（也可能是杜撰的）：有一天，貝多芬奄奄一息地躺在床上，忽然聽到外面一陣雷響，這位音樂大師當即從床上坐起，彷彿在向老天爺示威地奮力握拳舉向天空：「祢休想逮到我！」這就是獅子！就是戰士！他不再信服世界了，世界也對他呈現出另一種樣貌──「放下舊世界，迎接新未來！」一切改觀了！然而，這種天翻地覆的轉變，常令我們寢食難安，萬分抗拒，不願面對自己明知內在本有的才能或真相。我們就像當年絕望到不想活的貝多芬一樣，內心有一部分恐懼地吶喊著：「我快撐不下去了！」

　　由此可知，靈性道路之所以如此顛簸難行，只因我們深恐總有一天必須放下自我。我們百般珍惜自己的特殊存在，才會不得不轉身攻擊別人來保全這個特殊性。「非此即彼、不得兩全」，這個原則在人間顯得如此天經地義，我們深信唯有守住個人私利，才能為小我留一條活路。想想看，我們的生命若得靠他人的犧牲才能延續，哪來共同福祉可言？假如人類缺了氧氣與食物就無法存活下去，光是一口呼吸就得摧毀成千上萬微生物，遑論要多少動植物賠上性命當我們的糧食，我們和萬物

生靈怎麼可能擁有共同目標？假如必須利用別人、搶奪他人之物才能滿足自己的需求，我們和他們又怎麼可能源自同一生命？我們發自內心驚恐地嘶喊著：「**如果沒了小我，我會是誰？如果失去特殊性，我又算什麼？**」這一番反省並非叫我們從此不要呼吸，或不吃不喝坐以待斃；而是希望我們早日「放下那套思想體系」。不論多麼擔心害怕，但我們至少還有能力開始質疑自己所珍惜的小我原則。

　　到了本章的尾聲，容我提綱挈領回顧一下。尼采把心靈蛻變的過程分為三個階段，〈教師指南〉裡「信賴的形成」則分為六個階段（M-4.I），兩者的劃分固然有不同，但表達的同樣是「把世界由我〔們〕所認定的模樣中釋放出來」（W-132）之過程。說實在，這一段轉化過程很難硬性切割，無論走到哪個階段，我們都不免時進時退，在正念與妄念之間來回擺盪，只因我們放下世間價值觀之後，往往會心生不安而忍不住吃回頭草。不妨回想一下〈正文〉第十九章「平安的障礙」最後的描述，當我們準備揭開最後一道面紗迎向上主之際的那種忐忑心境。它這樣形容我們：被恐懼攫獲，雙眼低垂，開始懷念自己對罪咎懼和死亡這些「老朋友」的許

諾（T-19.IV.(四).6）。然而，只要我們繼續邁步前進，矢志攀登靈性的階梯，正念就會愈來愈強，即使一時膽怯而退回妄念，我們也有自知之明，不至於在小我狀態耽溺太久。畢竟，我們已經領教過小我的能耐，也知道世界不值得流連了。一旦嚐過愛與平安的美味，誰還會眷戀罪咎與衝突的人生？

總而言之，線性時空世界本身既然是虛幻的，那麼時間概念下的靈性成長過程必也同樣虛幻。然而，我們都還自認是一具身體，而身體又離不開時空世界，因此，即使我們討論的心靈議題不屬於時空範疇，但仍得從時空維度下的現實人生說起，也必須把靈性的發展過程描述得彷彿有個先後順序似的。無論如何，我們心中了了分明，事實絕非如此。

第五章　第三階段：小孩

　　現在，終於來到了尼采的第三個階段「小孩」。回首來時路，我們先在世上學習與成長，度過第一階段駱駝時期。當我們開始對世界的價值觀提出質疑，便進入了第二階段，駱駝就此蛻變為獅子，最後完成了「屠龍」大業。獅子雖然沒有創造出新價值的能力，但他已經能夠為自己爭取自由；這個自由選擇的力量就是尼采所稱的**強力意志**（the will to power），表示心靈能在「有價值與無價值，聖靈與小我，天堂與地獄」之間作選擇了。舊有的桎梏一旦解除，代表小我的巨龍開始繳械，我們便進入了第三階段。換成奇蹟術語來說，只要全力抵制妄念之心，讓正念之心當家作主，小孩的純潔世界便會到來。

　　底下就是尼采描述最後一段的轉變過程。其實他對小孩階段著墨極少，只有這麼短短的片段。

137

獅子蛻變成小孩

但是，兄弟們請告訴我，連獅子都辦不到的事，小孩又有何能耐？為什麼勇猛捕獵的獅子還要變成小孩？

言下之意，兇猛的獅子已經擊退了巨龍和「你應該」的鱗片，為什麼還需要進一步的蛻變呢？

小孩是純潔而不善記憶的，一個新的開始，一場遊戲，一個自轉的旋輪，一個首發的行動，一個神聖的「是」。兄弟們，為了創造的遊戲，需要有一個神聖的「是」：心靈如今發揮了自己的意志力，被世界所棄的人，終於戰勝一切，贏回自己的世界。

這段話即是指進入真實世界之前的準備階段。就《課程》觀點而言，小孩完全忘記那「從未發生過」的事情。只要能夠義無反顧地**抵制**小我、**選擇**聖靈，這種心靈狀態便是真實世界。

小孩階段不是靠任何打拼贏來的。真正的功夫，發

生在獅子和小孩之間的過渡階段，而尼采的學說獨缺
這一部分。耶穌在〈教師指南〉「信賴的形成」這一節
〔原註〕，特別是第五階段「動盪」，則給了一番清晰的
說明。如前所說，形成信賴的六個階段裡，沒有任何一
個與駱駝相對應。獅子包辦了第一到第四階段，而且前
三階段重點都是要我們認清過去珍視的一切毫無價值。
一旦作出清楚的選擇，內心自會感到平安，獅子便能坦
然說出「我決意」（I will），同時認出自己擁有選擇能
力，他就這樣進入了第四個階段「安頓」。如今他成了
作夢之人，而不再是夢中一個角色了。然而，如果仔細
推敲前面那一過程就會發現，「**我**決意」當中仍有一股
自我意識感。換言之，即使我們探討的是心靈力量，但
仍殘存一種「我正在做某件事」那種感覺。這還是屬於
一種有所選擇的狀態，並未臻至純粹的存有境界。所以
才說，「安頓」階段並非旅程的終點。難怪耶穌如此提
醒我們：

> 上主之師需要這段休養生息的時間。他修
> 持的境界並沒有他想像中那麼高。（M-4.
> （一）6:9~10）

〔原註〕請見後面的附錄三。

我們不妨把第四階段視為學習「寬恕是幸福的關鍵」（W-121）的一步，也就是去親身體驗寬恕遠比評判的感覺好得太多。至此，我們開始認出真正值得珍惜的是共同福祉，而不是個別利益，進而慢慢了解所有人在心靈層次上全然相同。不可諱言的，這個階段仍有一股揮之不去的自我感和個體感，因為獅子的自我仍是不容輕忽的。他孔武有力，世界根本控制不了他；但這還不是旅程的終點，他至多只是活出寬恕的美夢罷了。美夢固然遠勝過小我罪咎與攻擊的噩夢，但畢竟仍在夢中，並未真正覺醒。也因為這個緣故，我們會體驗到不受任何外境侵擾的平安，同時又有一股「我」感依舊隱隱作祟。

直到第六階段「完成」，才能與尼采的「小孩」相對應，這個階段代表已臻至真實世界。然而，我們不可能從第四階段直接跳到第六階段，勢必要經過第五階段「動盪」那地獄一般天崩地裂的過程。一如耶穌所言，我們對有無價值的分辨能力還**不夠到家**，只因我們尚未看清自己這個「我」在本質上毫無存在的價值。為此，這趟旅程的目標不只是發揮正念之我，在夢中活得幸福、平安或仁慈一點就好；這樣雖然比前三階段進步，

也更遠勝過之前的荒漠歲月，但終究還沒將我們喚醒，真正回歸天鄉。換言之，這部課程的目的乃是徹底結束夢境，而不只是幫我們把噩夢轉為美夢而已。還記得耶穌在〈正文〉第十八章提到，聖靈會引導我們度過恐懼的凶險之地，而且上主等著領我們更上一層樓（T-18.IX.3:7~9）。「恐懼的凶險之地」，指的就是第五階段，我們終於看清自己如此執著分裂自我的價值；這份「我執」才是關鍵，而不是活得少一點批判、少一點焦慮和煩惱就行。

　　耶穌在〈正文〉的尾聲同樣提醒我們，問題不在於我們想了什麼，而在於我們「自認能思想」的那種心理（T-31.V.14）；問題也不在於我們是在正念或妄念之境，而是我們認為真的有個正念或妄念的「我」存在。《課程》只會帶領我們到天堂的門口，也就是真實世界，門後便是上主，「無程之旅」就此結束。進入真實世界之後自我感就消失了，因為我們已經出離夢境，不再是夢中角色。類似的描述在〈正文〉中出現多次，其中有一段是這麼形容的：我們在真實世界只待了一瞬間，短暫得僅夠向上主謝恩，上主就會俯身將我們接到祂那兒，夢境便告終了（T-17.II.4:4~5）。這種說法當然也只是一

種比喻罷了，但如果不藉著象徵手法，簡直無從描述這段過程。

因此，**真實世界**這個奇蹟術語，指的是陷於幻境的心靈終於認出小我的一切都是幻覺。妄念之心本來就是幻覺，進入真實世界之後，當然就消失得無影無蹤，那藉以修正妄念的正念之心也隨即功成身退。最後，連心靈的抉擇者也沒有存在的必要，因為如今已經沒什麼可選擇的了。既沒有妄念之心、正念之心，也沒有抉擇者──整個自我完完全全消失了。進入真實世界就是這番風貌，代表我們已經作出唯一且全面的選擇，徹底否認小我的存在，同時肯定了聖靈的救贖才是唯一的真相。我們在前五個階段還會搖擺不定，一旦進入第六個也是最後一個階段，我們便永不退轉了。這就是尼采所說的「小孩」以及海倫〈頌禱耶穌〉詩中的聖靈。

小孩代表純潔無罪，意思是說罪與咎都不存在──那永恆不易的從未曾改變過：「……天堂之歌的一個音符都不曾錯過。」（T-26.V.5:4）沒有任何東西撼動得了實相；分裂既不曾真正發生，天父也不可能分割。愛的流動一如既往，因為沒有任何東西侵擾得了基督的純潔無罪。這一真理，正是《課程》所說的救贖，它徹底推

翻了小我捏造的「聖子有罪」的故事。接受救贖，意味
著忘卻小我所教導的一切。聖靈要我們把自己記得的一
切（也就是小我思想體系）完全忘掉，如此，才能憶起
自己所遺忘的真相，也就是我們的基督身分（T-5.II.6:1;
T-12.II.2）。再說一次，「小孩是純潔而不善記憶的，一
個新的開始，一場遊戲，……」，這裡的遊戲一詞，和
查拉圖斯特拉的舞蹈、微笑、歌唱，相映成趣，都是勸
勉我們別把世界太當一回事。因此，當我們看著**小小瘋
狂一念**時，記得置之一笑，可別再忘記了。

　　分裂的心靈包含了兩個成分：一部分是小我，一部
分是聖靈對**小小瘋狂一念**的回應。小我為那一念欣喜
若狂，自以為贏得了自由，殊不知只要抉擇者轉向聖
靈，融入溫柔一笑，小我和那瘋狂的分裂思想體系就會
立即消融於無形。這一笑，意味著什麼都不曾發生，我
們依然安居上主家園。這也是尼采學說的重點，他要把
充斥整個世界的嚴肅性，以及我們對世界的當真心態，
一併修正過來。小孩代表一個新的開始，一個首發的行
動。「一個自轉的旋輪」，意指推動這個輪子的是**我的**
力量、**我的**意志；到了小孩階段，這擁有抉擇能力的
我，終於決定放下自我（self）而選擇自性（Self）。尼

采認為，儘管在**永劫輪迴**的世界裡，相同事件一而再、再而三的發生，但這些虛有其表的外境再也影響不了跳脫塵世的**超人**（Übermensch）了。如果把尼采學說與《奇蹟課程》結合起來，我們可以說，**超人**既沒有改變世界（不存在之物怎麼可能改變），也不受世界左右，只因他已經全然超越人間的榮枯滄桑。他可說是資深的上主之師，望著腳底下毫不真實的世界，一邊跳著舞，一邊笑看那些似悲慘又嚴肅的烏雲，他便這樣進入了真實世界。

已臻至真實世界的人，就像耶穌一樣深知自己並不活在這裡；他們與人互動如常，只不過心中明白自己已經出離了夢境。但基督徒提到耶穌的事蹟時，完全搞錯了，他們所描述的是一個活在肉體裡的凡人；那個耶穌不僅是一具身體，還成了天父偉大救贖計畫裡的一顆棋子。《聖經》正是基於這種謊言寫出來的，所以根本不值得相信。耶穌在世時就很清楚自己並不活在這裡，他傳授的訊息也是要我們去到他那兒，活成永恆之子。不幸的是，世人並未追隨耶穌出離夢境，反而是把他拉進世界大夢來保護那個虛擬現實，將真理拒之門外。

「神聖的是」

到目前為止，我們都還在駱駝和獅子的階段。駱駝對世界俯首稱「是」，渾然不覺這個「是」就是一種對真理的否定。整個世界都是這個「是」的化身，而我們全都加入「否定真理」的行列。駱駝（小我）把我們帶入荒漠，直到我們忽然意識到自己再也不想這樣下去，我們就蛻變為獅子，痛下決心抵制世界對真理的否定。這就是獅子「否定對真理的否定」（T-12. II.1:5）。我們說的「不是否」，等於對真理說「是」（T-21.VII.12:4）。唯有解除小我先前的否定，剩下的便是「神聖的是」。以《課程》角度來看，尼采這個「神聖的是」代表對真實生命本身的肯定，與世俗生命是兩回事。換言之，終極的「神聖的是」，乃是針對上主與聖愛而發的。

也因此，這個「是」無法藉由任何努力來達成，直到我們終於意識到獅子階段並非人生的終極目標，這個「是」便出現了。可還記得先前提過的觀點，獅子

階段的那種自我良好感覺，很容易讓我們把真正的目標拋諸腦後，忘了眼下只是一個過渡時期而已。倘若缺少這份覺察力，獅子的**強力意志**（或說選擇的意志）很快就會變質，轉而化為企圖征服與破壞一切的「**主宰的意志**」。這種誘惑力之大，令宗教史上許多精神領袖也不免馬失前蹄。當我們初嘗**強力意志**這種心靈選擇能力的甜頭時，往往即刻與它認同，而成為**我的**意志。難怪阿克頓爵士（Lord Acton）會說出「權力使人腐化，絕對的權力使人絕對的腐化」這句名言。我們此刻仍然缺乏謙遜，也未能明白這個特質是第一階段的必修功課，到了第二階段也同樣重要，因為我們必須憑靠謙遜才能進入第三階段。

　　《奇蹟課程》即是最好的例證，它問世不久後就被人當作反對異己的武器。記得七十年代中期，有一回，海倫、比爾、茱蒂和我一同造訪南部某一州，我們結識了一位在成長過程曾在教會受過創傷的男士。他將《課程》駁斥《聖經》和教會的所有章節整理列表，準備大張旗鼓去跟他的牧師辯論耶穌**究竟**說過什麼。幸虧被海倫勸阻下來，後續如何就不得而知了。這便是誤用「力量」的實例。縱然認清「世俗價值根本行不通」這個事

實會讓我們活得愈來愈自在，但如果我們認為自己有責任傳揚這一真理，因而不惜侮辱別人、證明對方有錯，甚至讓他下不了台，那便恰恰符應了查拉圖斯特拉所說的：就算我們知道自己是對的，我們還是錯了。因此，每當我們認定某事非做不可，或是察覺到有個強烈的「我」感升了起來，或者認為唯有自己知道真相，這種時候，我們就該提醒自己「事實絕非如此」。

小我的特殊性思想體系，一言以蔽之，就是強調**差異性**：你跟我不一樣；你被誤導了，我可沒有；我已掌握了真理，而且它就在這本神聖的藍皮書裡。我們就這樣掉入了陷阱，因為我們在指責他人的錯。事實上，我們和別人全都一樣，〈正文〉有一段很美的新年禱詞是這麼說的：

> 讓我們以「同等」的心對待一切，而使這一年
> 有所「不同」。（T-15.XI.10:11）

這部課程真正想要傳授的是上主之子與生俱來的同一性，我們卻用它來彰顯自己的與眾不同，甚至還想證明這本藍皮書比其他法門更為殊勝。我並非反對作任何客觀的比較。的確，《課程》傳授的普世性訊息，在形

式上與《聖經》大不相同，但我們也不必批判或貶低
《聖經》的信徒。想方設法去證明別人是錯的真的毫無
必要，更何況，我們背後的動機往往只是想利用別人的
「錯」來證明自己的「對」罷了。

難怪耶穌要我們好好深思：

你寧願自己是對的，還是寧願自己幸福？（T-
29.VII.1:9）

一心只想追求「對」的人永遠得不到幸福，因為我
們若是對的，代表別人是錯的，這就坐實了人我有別的
事實。認同那種瘋狂的思想體系，豈有幸福的可能？不
僅如此，當我們端出「奇蹟真理」證明別人錯而自己對
時，必會加深自己的罪咎，因為這樣便肯定了分裂與個
體生命是真實的，我們勢必再度譴責自己背叛了一體聖
愛。也因此，若真想證明自己信仰的是真理，唯有活出
那份愛，此外別無二途。如同我經常引用的〈正文〉這
段話：

請勿向人宣揚我無謂的死亡。而應教他們看出
我並沒有死，我正活在你內。（T-11.VI.7:3~4）

　　所以才說，我們不是去傳揚耶穌的話或他的理論，而是把那些真理**親自活出來**，他的愛自然會透過我們而「教」。這就是尼采筆下小孩的純潔本性，反映出天堂的一體境界。如果分裂真的發生，差異性必然存在，罪也隨之成為事實。因此，所謂的罪，也可以定義為「視分裂為真的瘋狂信念」。罪一旦是真的，咎便是必然的結果，那麼，代表一體性的純潔本性豈有立足之地？為此，每當我們發現自己老想證明別人有錯而且還樂此不疲時，我們應該立刻叫停，當下轉向內在的聖師求助。請記得，獅子的強大不是因為他有能力主宰一切，而在於他的溫良，也就是資深上主之師的第四項特質（M-4. IV）；這項人格特質一出現，表示獅子已經漸漸蛻變為小孩了。

　　蛻變為小孩，意味著不再有一個「我」，只因我們已經跳脫那個以特殊性和個體性為核心的世界大夢。正因如此，真實世界裡並沒有一位名叫耶穌的人；一如前文所說，非具體之物是沒有名字的。然則，有沒有名字並不重要，重要的是我們能否放下自己的個體性；自我消失多少，真實世界便會顯得多真。準此而言，如果能時刻儆醒自己總是著眼於差異性和別人的錯，其餘的一

切自然會水到渠成。我們的要務就是認出每個人都活在同一瘋狂的思想體系下，也同樣需要從這個體系中醒過來。因此，根本沒有必要努力改善小我，只要覺察自己這一傾向就夠了。我們不妨也反觀自己，在批判別人的當下那股痛快感隨後便會轉為憤怒或沮喪，這種覺察對我們必定大有幫助。乍聽之下有點匪夷所思，但事實就是如此，我們經常無意識地選擇某些念頭，讓自己淪為受害者，還會十分珍惜憤怒和痛苦的感受。其實是我們決定生病、攻擊或焦慮的，才會活得如此不快樂。唯有認清箇中的因果關係，我們才會甘願放下小我的判斷，轉而認同聖靈的寬恕。

我們內心有一部分聽得懂這些道理，但由於它威脅到我們的價值觀，難免心生反感。尼采的學說之所以如此震聾啟瞶，正因他直接針對我們所看重的一切「價值」痛下針砭。顯然的，人們最珍惜的無非就是自己，儘管我們多少知道，頑強的自尊會阻礙自己回歸天鄉，因為在非二元的天國裡，自我必然消融於自性之中，分裂之**我**也就毫無立足之地了。即使有一部分的我們真心渴望回家，但也有一部分完全視之為畏途，又愛又拒的矛盾心情，讓我們在階梯上舉步維艱。這份恐懼通常藉

由生理或心理的管道抒發出來，其結果，我們若非生病或發怒，就是沮喪或萬念俱灰。

其實，這些反應都是小我的自我保護措施，正如〈練習手冊〉第一百三十六課說的「生病乃是抵制真相的防衛措施」。舉凡疾病、憤怒、焦慮、抑鬱等等，全都是為了抵制真相，令我們的心靈之旅陷入癱瘓，只因我們深恐自己若繼續前進，這個「我」就保不住了。值得安慰的是，在抵達終點之前，「我」是不會消失的，故也無需為此操心。我們只需明白，這樣走下去，會消失的反倒是不安、不快樂以及孤獨感，最後慢慢浮現一股極深的幸福感。終有一天，連幸福美夢都無法滿足我們，因為我們由衷渴望的，是全然超越二元對立的那種境界。一旦覺悟到這一點（沒有人會催迫我們的），旅程便告終了。

我們內在的神聖小孩

　　此刻，我們一起來看「我願安靜片刻，回歸家園」（W-182）這一課，裡頭也談到「小孩」這一主題。前三段描述的是人在異鄉的感覺，我們總覺得這個世界不是自己的家，有意思的是，耶穌說每個人都知道他在說什麼。到了第四段第三小節，耶穌才開始切入「小孩」的正題：

（4:3）然而，你內卻有一個神聖小孩，正在尋找天父的家園，這小孩知道自己在此是個異鄉人。

　　大寫的「小孩」（Child），即是指我們內在的基督，也可體會成我們原是基督的那一記憶，或回歸真實自我的渴望。

　　知道自己在此是個異鄉人，意味著這個世界對獅子已經不具任何意義了。世界只是一片荒蕪的沙漠，而且「已到了饑渴交迫、奄奄一息的地步」（W-PII.十三.5:1）。這絕不是我們甘心安身立命之處。唯有這種

覺知，才會打開我們的心靈，接納真正的天國家園與永
恆居所：

（4:4~6）這一童年是永恆的，它永遠不可能失落自己的
純真本質。這個神聖小孩所要去的地方，是個聖地。祂
的神聖本質照亮了整個天堂，它純淨無染的天光又反射
回人間，人間與天堂就這樣在它內合而為一了。

　　一旦這小孩能將天堂的倒影具體反映於人間，旅程
便快要結束了。耶穌在〈正文〉談到療癒時，也曾如此
描述旅程的終點：

　　凡是看到了心內的神聖倒影而全心想學療癒之
　　人，表示他已準備好接受天堂了。神聖本質在
　　那兒已不再只是倒影，而是倒影的真身。上主
　　也不再是一種形相，祂創造的生命既是自己的
　　一部分，他們在真相裡必然永遠擁有上主。而
　　且不只反映真理，他們本身即是真理。（T-14.
　　IX.8:4~7）

　　人間只可能有愛的倒影，因此，我們若想在人間活
成愛的化身，就必須在所有際遇中的每個人身上看見聖
子的純潔無罪（也就是永恆自性裡的神聖小孩），而且

絕無例外。如此一來，天堂的一體生命便和人間芸芸眾
生的共同性結合為一了。每當有一位看似分裂為碎片的
聖子重新回到他從未離開的家園時，就好似為天堂又增
添了一道光彩。

**（8:1）只要你能夠安靜片刻，讓世界慢慢隱退到你身
後，當你忐忑不安的心不再重視那些無謂雜念時，你就
會聽見祂的聲音了。**

「祂的聲音」，和聖靈之音一樣，就是神聖小孩的
聲音。然而，只要我們還執著內心那些無謂的雜念，是
不可能聽見天音的。再說一次，獅子的任務就是不再重
視毫無價值之物（W-133），包括特殊性、個體性，或
想證明自己是對的這類念頭。它們絕對無法帶給我們幸
福，因此毫無價值可言。耶穌對我們的要求，不過是發
個小小願心，選擇神聖一刻，並且願意質疑自己重視的
所有價值觀而已。

**（8:2~3）祂的呼喚如此痛切，使你不忍抗拒。就在那一
刻，祂會把你帶回祂的家中，讓你與祂一起享受完美
的寂靜，那種安寧和平，妙不可言，不含一絲恐懼及疑
慮；你會無比的肯定，自己終於到家了。**

　　當我們抵達靈性的高峰，成為神聖小孩，我們就不再需要祂的帶領了。耶穌重申過很多次，那種境界已然超出他的教導範圍（T-18.IX.11; W-161.4; W-169.10），而且是無法傳授的（W-157.9）。因此，耶穌真正要教導我們的，是不再重視毫無價值之物，成為一頭真正的獅子，也就是懂得如何看待世界，知道「眼前的世界沒有我真正想要的東西」（W-128）。

　　特別提醒一點，耶穌指的並非世界本身，而是投射出世界的那一套罪咎思想體系（T-13.in.2:2）。因此，只要我們日復一日鍥而不捨地質疑自己的價值觀，就會慢慢體會所有人全是一樣的，我們全都禍福與共，沒有一己私利可言。明白這個道理，我們才可能在小我分別取捨的妄見背後看到彼此共有的一體生命。

（12:1）你從未失落自己純潔無罪的本性。

　　我們永遠是純潔無罪的基督，從未失落過自己的本性，只因祂永恆不易，而聖靈代表的正是這一記憶的化身。問題是，這個純潔本性已經被我們的罪咎所覆蓋，然後又再蓋上一層充滿罪咎的世界。然則，罪咎到底是什麼？就是分裂。充滿罪咎的世界又是什麼？就是個別

利益。罪咎和分別取捨的知見為小我打造出雙重遺忘的防衛機制，全面防堵我們憶起自己純潔無罪，只因純潔本性正是我們得以超越所有差異性，進而超越一切罪過的關鍵。

（12:2~3）**那才是你真正嚮往之物。也是你心的渴望。**

耶穌這句話彷彿含蓄地問我們：「你難道不想要純潔無罪的本性嗎？為何寧可接受特殊性世界的供養？」一味滿足自己的特殊需求，既無法帶來上主的平安，更喚不回我們以為已失落的純潔無罪，而那才是我們真正渴望尋回的。確切而言，特殊性的本質或目的，就是離間我們，坐實人與人之間的差異——我們的需求得靠別人才能滿足，也因之證明了你我的確不同。在這種分裂的心態下，我們是不可能活得幸福的，遑論憶起一體生命賦予我們的純潔本性。「你心的渴望」，當然就是指純潔本性，這正是毫無價值的世界中唯一有價值之物。

（12:4~9）**這就是你所聽見的〔神聖小孩的〕聲音，這個呼喚不是你能抹滅的。這神聖小孩依舊與你同在。他的家就是你的家。今天，他把自己的「不設防」送給了你，你已接納了它，取代你戰爭遊戲裡所有的自製玩**

具。如今，道路已經為你開啟了，旅程的終點終於在望。請你安靜片刻，與祂一起回家，享受這一刻的安寧吧！

這類語帶溫柔的描寫，幫助我們體認到自己真正渴望的是神聖小孩的純潔本質。這一點，對我們的修行非常重要，下面還有同樣優美的一段解說。如今，我們不得不承認自己的神智不清多麼嚴重，竟然放棄天賦的純潔本性，甘願依賴特殊性的殘渣碎屑維生，還不惜自製「戰爭遊戲裡的玩具」來維護它們的價值。不可否認的，在人生第一階段（從童年、青春期，到成年早期），特殊性的碎屑殘渣相當吸引人，因為它可以幫助我們達成許多世俗的目標。然而，這些經歷絕非白白消受，到了後來，它們一一成了耶穌帶領我們回家的墊腳石。為此，我們應該心存感激。

如今，我們總算睜開了雙眼，看清特殊性原來只是一片沙漠。不管我們的憤怒或評判多麼義正詞嚴，這些「戰爭遊戲裡的玩具」全都反映出我們仍在和世界的巨龍搏鬥，就是這種對抗心態，令我們深陷荒漠無法自拔。有鑑於此，耶穌才會不斷追問，我們為何不肯拿小我的卑微薄禮與他交換愛的禮物呢？那才是他在歸途中

為我們備辦的平安盛宴。

與神聖小孩認同

神聖小孩就是我們的自性。〈練習手冊〉第一百八十七課「我祝福了世界，因我祝福了自己」最後兩段，描述的便是與神聖小孩認同的過程。

（10:1~3）恐懼既已消逝，如今，我們在意念中結合了。在唯一上主、唯一天父、唯一造物主及唯一聖念的祭壇前，我們以上主唯一聖子的身分並肩而立。我們又與祂一體不分，因為祂是我們的生命之源；我們與弟兄一體無間，因為他們是我們自性的一部分；祂純潔無罪的本質，已將所有的人結合為一個生命；蒙受祝福的我們，必會給出自己領受的一切恩典。

我們真正渴望的，就是這個蒙受祝聖的純潔本性。既然如此，每當我們又忍不住評判、嘲弄，或想證明別人錯，藉此把差異當真，進而企圖改變對方時，我們就該好好複習一下這段引文。

　　這一段話說得再清晰不過了。我們真正渴望的既然是神聖的純潔本性，故當我們忍不住又為了凸顯彼此的不同，開始評判或嘲弄別人、證明別人有錯，或企圖改變對方時，最好能夠及時想起這段引文的觀念。試想，我們怎麼可能改變和自己一體不分的人？除非我們認為他和我們不一樣。請留意，這段引文重複了這麼多次的「唯一／一體／一個」，耶穌的用意所在，無非要提醒我們不可掉以輕心。我們必須不斷讓差異之念和一體之念彼此照面，才能穿越各個階段，最後蛻變為純潔小孩。然而，我們也已知道這不是靠我們去「做」什麼，而是和耶穌一起看清兩種思維模式的截然不同。總有一天，我們會選擇其中一套而放棄另一套思維，就像〈正文〉所說的：

> 若想解決這兩種相反的思想體系的矛盾，唯一的辦法就是選擇其一而放棄另一。（T-6.V.(二).5:1）

　　我們必須誠實正視兩者的矛盾，因為，如果不知道自己同時信奉兩套相反的思想體系，如何在兩者之間作一選擇？如果陷於矛盾卻渾然不覺，豈有化解矛盾的機會？相信你我真的不同，或者相信聖子早已四分五裂，

等於存心和真理唱反調。這種立場壓根兒站不住腳。難怪我們不能不為了保護自己而全力抵制真相，再次重演我們對上主做的那檔子事，因為我們心知肚明，自己捍衛的分裂自我根本就是假的。

（10:4）**上主的聖名終日掛在我們的唇間。**

　　「上主的聖名」正是〈練習手冊〉第一百八十三和一百八十四課的主題，兩課都未清楚說出這個聖名是什麼，只因上主沒有名字。上主的「聖名」，其實就是我們的終極身分，象徵我們是祂完美一體生命的一部分。天堂裡只有唯一自性，不可能有兩種身分，因此上主聖名就代表我們的真實身分和天賦產業。這兩課的主旨盡在於此。上主聖名即是聖父與聖子一體生命之聖名。所以，「上主的聖名終日掛在我們的唇間」，表示我們要注意每當我們選擇生氣、判斷或企圖操控別人時，這些特殊性症狀其實就是存心否認與離間上主與聖子的一體生命。

（10:5）**只要我們敢向內看去，就會看到天父的愛反映於自己身上，正與純潔無瑕的天堂相輝映。**

　　天父之愛的倒影，指的就是純潔無罪的完美小孩，

也正是尼采的第三段蛻變。如今，我們終於認同祂的愛和一體生命了，這份愛必會透過我們推恩出去，溫柔地擁抱所有自認有罪的分裂之子。

（11:1~4）**此刻，我們蒙受了祝福；此刻，我們也要祝福世界。我們看到什麼，自然會推恩什麼，因為我們也渴望隨時隨地看到它的蹤影。我們願看到這一祝福在每個人身上透射出天恩的光輝。我們不願看見任何一物失落這一光輝。**

「我們不願看見任何一物失落這一光輝」，這句話正是《課程》的金鑰。就算整部課程只讀進去這一句話，也足以領會寬恕的真諦了。它能幫我們寬恕自己，尤其是看到自己不甘承認眼前的某事或某人配得上天恩或聖愛的倒影之際。請記得，只要侵犯到一個人，就會破壞聖子奧體的完美一體性，也就等於侵犯了所有的人。不是攻擊，就是寬恕，中間毫無灰色地帶，這種涵容一切的心靈特質，正是《課程》之所以如此難修的原因。畢竟，我們的自我始終建立在差異性與排他性的信念上，為了區分出人我之別，我們打造出身體，難怪每個人莫不把自己視為一具血肉之軀，甚至還創造了一個包含數十億人口的世界，數不盡的人種物種，千奇百

怪，各有千秋。既然已經如此根深柢固與身體認同，要
我們放下身體談何容易？我們必然全力抵制到底的。正
因如此，想要在幻相中化解小我思想體系，絕非一朝一
夕可成之事。

我們一旦看破人間萬物一文不值，也徹底明白唯有
心內之愛才具有真實價值，平安的祝福自然會透過我們
推恩出去。事實上，**我們**是祝福不了世界的，若無自知
之明，祝福會變成一種詛咒；反之，只要我們別再從中
作梗，祝福便能透過我們而無遠弗屆。因此，一旦覺察
到自己試圖插手推恩過程，指揮耶穌該或不該祝福哪些
人，或者哪些人才配得多少好處，我們便該知道，自己
必然又掉回那個充滿詛咒、特殊性與個別利益的小我世
界了。

**（11:5）我們若想保全自己的神聖眼界，需先將此光輝賦
予眼前的每一物上。**

耶穌擔心我們錯過了前一句「我們不願看見任何一
物失落這一光輝」，在此又提醒了一次。「神聖眼界」，
代表基督慧見，也就是聖靈的真實知見。請注意這句：
「我們若想保全自己的神聖眼界，需先將此光輝賦予眼

前的每一物上。」這兒說的是**每一物**，而非某些事物而已。唯有如此，我們才能進入耶穌的終極願景：

> 但你必須把慧眼之所見與身邊每一個人分享，
> 否則你自己也無從看見。（T-31.VIII.8:5）

耶穌在整部課程反覆採用**所有、一切、萬事萬物**這類字眼來教誨我們，實在是寓意深遠。這些詞彙所傳遞的「涵容一切」之精神，正是純潔無罪的小孩首要的特徵。請記住，純潔無罪意味著罪咎已不存在；既然罪咎不存在，表示分裂也沒有發生；分裂若不曾發生，我們便仍是上主以聖愛所創造的唯一聖子。既然如此，我們為何還想盡辦法與這個單純的事實唱反調？這正是我們該反躬自問的。我們甚至還要上主、聖靈或耶穌加入我們的陣容，認定某些人該得到祝福，其他人不配；連〈福音〉裡面被釘上十字架的兩個強盜都有義賊惡賊之分，我們總想分出善人與惡人，綿羊和山羊，被拯救的和被詛咒的。為此，我才一再提醒，任何主張人我不同的學說絕對不值得我們相信。

（11:6）**無論我們在何處看到它，它都會化為百合，回到自己這兒來；我們將它供在祭壇上，作為那「純潔無罪**

者」的安身之地；祂不只安居在我們內，還賜給我們祂
的神聖生命。

　　這兒的「純潔無罪者」，指的即是上主；「百合」
則是《課程》用來代表寬恕的重要象徵，我們把它供
在心靈祭壇上，並將它的純潔本質獻給我們遇見的甚
至只是想到的每一個人，而且絕無例外。唯有如此，
我們才算為上主備妥心田，歡迎真理的到來（W-PII. 十
四 .3:7），同時也完成了此生的任務。因為我們已能放
下個別利益，跨越了小我那不神聖的世界，進到耶穌的
神聖世界。這一切，全都反映在小孩或上主之子純潔無
罪的光明裡，這一光明必會照亮夢境中好似互不相干的
分裂之子身上。

第六章　尾聲：內在神聖小孩的誕生

〈聖誕節的希望〉這首詩是海倫當年寫給我們一位神父好友的聖誕禮物，此刻，我用這首美妙詩篇作為本書的結尾，十分相得益彰。這首詩用聖誕節來象徵我們每個人內在神聖小孩的誕生——《奇蹟課程》一路溫柔的引領，無疑就是指向這個目標。我們從駱駝的世界啟程，歷經種種的轉折與蛻變，最後終於喜悅地落回那始終擁抱著我們的神聖臂膀裡。

聖誕節的希望

不生不滅的基督，
日日重生於我們每個人心中。
基督的示現和誕生只象徵一事，

即上主之子的降臨，
復活之光從此大放光明。

天堂不需要聖誕節的傳奇故事，
天堂之子卻需要世界充當馬槽。
聖嬰一降臨人間，
世界已被征服，
因隨祂而來的是上主的永恆許諾。

基督的誕生終結了死亡的夢境，
祂的臨在為死亡注入生命，
全然被赦免的地球，煥然一新，
洋溢著愛與希望。
寒冬裡顫抖的心終於安歇在上主的臂膀裡。

——《天恩詩集/暫譯》P.98

附錄一

三段蛻變

我跟你們說一說心靈的三段蛻變：心靈如何化為駱駝，駱駝如何變成獅子，獅子最後如何變為小孩。

有許多重負是要讓那可敬可佩的堅毅心靈來擔負的，因為重中之重的負荷，正是心靈力量渴望的鍛鍊。

什麼是重負？堅韌的心靈這麼問，然後，如駱駝般地屈膝承受一切。堅韌的心靈問道：英雄們，還有什麼是重中之重，得以讓我的力量充分發揮？難道不是謙遜自牧以克制高傲？難道不是斂巧若愚以嘲弄聰慧？

或者是這個：一旦功成名就，慶祝後便離開？登上高山之頂以試探其試探者？

或者是這個：以知識之果實與莖葉維生，為了真理而讓靈魂忍饑挨餓？

或者是這個：罹患病痛而拒絕安慰者的慰藉，結交永遠聽不見你訴苦的聾子為友？

或者是這個：只要是真理之水，儘管再污穢也要縱身躍入；無論是冷青蛙或熱蟾蜍，一概包容不棄？

或者是這個：愛那些輕蔑我們的人，對恐嚇我們的凶神惡煞伸出援手？

正如滿載重物的駱駝，疾步走入沙漠，有擔當的心靈將一切重負承擔起來，朝牠的荒漠急行而去。

然而，就在最寂寥的荒漠中，第二種蛻變誕生了：在這裡，心靈變成了獅子，他渴望征服自由，成為荒漠的主宰。在這裡，他找尋最後的主人，他要與這主人以及他終極的上帝抗爭，他要和巨龍奮戰到底。

心靈不願再俯首稱臣的巨龍，究竟是何方神聖？牠的名字叫做「你應該」。但獅子的心靈卻說「我決意」。「你應該」金光閃閃地擋在他的途中，一頭全身覆蓋金甲的野獸，片片鱗甲都綻放出「你應該」的光芒！

千古以來的價值信念，在這身鱗甲上閃耀著光芒，於是，至高無上的巨龍如是說：「萬物的價值在我身上閃閃發光。所有的價值早已造出，而我正代表這一切價值。我實實在在地告訴你，別再提『我決意』了！」巨

龍如是說。

我的兄弟們，為何心靈必須成為獅子呢？活成一個寡欲、誠敬且能負重的駱駝，難道還不夠嗎？

若要創造種種新的價值——就連獅子也力有未逮；然而，為自己創造自由，來從事新的創造，則是獅子的力量足以勝任的。

為自己創造自由，並且對義務說出神聖的「不」——為此，我的兄弟們，獅子是必要的。重申自己爭取新價值的權利——那是虔敬而負重的心靈最嚴峻的任務。誠然，對他來說無異是一種捕獵，一種弱肉強食的野獸行徑。他一度珍愛「你應該」，並奉為極其神聖；如今他必須在這至聖之處看穿自己的幻覺與無理，才能從那迷戀中重新奪回自由。這種掠奪需要獅子。

但是，兄弟們請告訴我，連獅子都辦不到的事，小孩又有何能耐？為什麼勇猛捕獵的獅子還要變成小孩？小孩是純潔而不善記憶的，一個新的開始，一場遊戲，一個自轉的旋輪，一個首發的行動，一個神聖的「是」。兄弟們，為了創造的遊戲，需要有一個神聖的「是」：心靈如今發揮了自己的意志力，被世界所棄的人，終於戰

勝一切，贏回自己的世界。

我已經把心靈的三段蛻變告訴你們了：心靈如何成為駱駝，駱駝如何蛻變為獅子，最後獅子蛻變為小孩。

查拉圖斯特拉如是說。

附錄二

頌禱耶穌

祢，如此的慈悲，來到人間
走過聖嬰，聖人，回歸聖靈
若非祢照亮我的生命
我的一生將成為祢的遺憾
祢的遺憾，也成了我的失落

我不知此生所為何來
除了這個目的——
我知道自己來此
為了追尋祢，將祢尋獲
祢以自己的一生
為我指出永恆天鄉的歸路

我，依循祢指引的道路
走過嬰孩，成人，回歸靈性
祈望自己終能肖似於祢
除了肖似於祢，此生夫復何求

祢在寂靜中對我發言
要我代祢說出愛的天音
說給祢送到我面前的人聽
而我也因此蒙受了祝福
在他們內，我看到了祢閃亮的生命

天恩浩蕩，何以回報
感恩之情，難以盡述
祢的光環，已代我發言
我的靈魂在祢溫柔的牽引下
悄然無聲
我以神聖的手接下祢的恩賜
因祢用自己的手祝福了它們

來吧，弟兄

瞧！

我如此肖似基督，也如此肖似祢

你在祂的祝福下，已與我合而為一

　

祢為我示範了自己最完美的面貌

以此幫助祢的弟兄

如此，我才能刷亮弟兄昏暗的眼神

當他們抬頭一望

願他們看到的不是我，而只有祢

——《天恩詩集／暫譯》PP.82~83

附錄三

信賴的形成

資深上主之師的六個靈性發展階段

（引自〈教師指南〉M-4.(一).甲.3~8）

首先，他們〔上主之師〕必須經歷所謂的「化解」
（undoing）階段。這未必是一段痛苦的經歷，但通常會
給人這種感受。它會讓人感到好似失落了什麼；很少人
一開始即能看清那是因為自己認出了那東西毫無價值之
故。表示這人已經進步了，能以不同的眼光去看，否則
他怎麼看得出那些東西毫無價值？然而，他內在的轉變
尚未達到脫胎換骨的地步。因此，他的學習計畫裡頭有
時還會要求他作一些貌似外在的改變。這些改變通常會
帶來一些實際效益。上主之師若學到了這一點，便已進
入第二個階段。

第二，上主之師必須經歷「釐清」（sorting out）的
階段。這通常不是一件容易的事，因為他既已看出生活

上所作的改變對他確實有益，那麼他從此就必須根據事情的具體效益或妨礙程度重新評估一切。他會發現，當他面臨新的現實挑戰時，以前重視的許多事物（即使不是絕大部分）只會妨礙眼前的「學以致用」。由於他過去非常珍惜那些毫無價值之物，勢必會害怕失落及犧牲，而不願把所學的道理運用於日常每一件事上。需要經過一段刻骨銘心的歷練才可能明白，所有的東西、事件、遭遇，以及環境，對他確實是一種助緣。幻相中的一切所含的真實程度，全看它能帶給人多大的幫助而定。它的「價值」只限於這一方面。

上主之師必經的第三個階段就是「捨棄」（relinquishment）。如果你把這字理解成「放棄可欲之物」，內心勢必激起很大的衝突。很少教師能夠完全不受這一挑戰的衝擊。然而，除非你準備好踏出下一步，否則，釐清哪些是有價值的、哪些是無價值的，豈不是多此一舉？因此，在這前後重疊的階段裡，上主之師難免會感到自己被迫為真理而犧牲了自己的最大利益，他尚不明白上主絕不會提出這種要求的。只有等到他真的開始放棄那些無價值之物後，才可能認清這一事實。他會從經驗中學到，在他預料受苦之處，找到的竟是如釋

重負的喜悅，在他以為必須付出代價的地方，他竟發現了天賜的禮物。

現在，終於進入「安頓」（settling down）的階段。這是一段相當平靜的日子，上主之師已能享有某一程度的安寧。他藉此機會熟悉並鞏固自己所學到的一切。至此，他才能體會出自己所學的理念具有無往而不利的實用價值。面對那驚人的潛能，上主之師終於更上一層樓，能在其中看出自己整個人生的出路。「放棄你不想要的，保留你想要的。」多麼直截了當的說法！豈有比這更輕而易舉的事？上主之師需要這段休養生息的時間。他修持的境界並沒有他想像中那麼高。然而，他已經整裝待發了，又有許多強而有力的弟兄與他同行。他休養生息一陣之後，開始呼朋引伴，一塊兒上路。此後，他再也不會踽踽獨行了。

下一個是名副其實的「動盪」（unsettling）階段。上主之師至此終於明白了，他根本無法分辨什麼是有價值的、什麼是無價值的。到目前為止，他真正學到的不過是：他並不想要無價值之物，只想要有價值之物。然而，他自己的分辨方式根本無法教他看出兩者的差異。犧牲的觀念在他的整個思想體系中是如此根深柢固，使

他無法作出正確的判斷。他以為自己已經懂得如何發心了，如今卻發現自己根本不知道那個願心為何而發。此刻，他感到自己正在追求一個可能歷經百千萬劫也未必達到的境界。因此，他必須學習放下所有的判斷，不論面對什麼處境，他只能捫心自問：「我究竟想在這事件中得到什麼？」若非前面每一步都能穩紮穩打，這確實是一個難捱的階段。

最後到了「完成」（achievement）的階段。你的學習進入這一階段才告穩定堅固。不論在緊急關頭或太平日子，你都可以放心了，你以前視為徹底負面的事物，如今都會帶給你具體的效益。是的，它們一定會為你帶來太平安寧的日子，只要你肯腳踏實地地練習，堅定你的信念，一視同仁地運用到生活上，絕不破例。這一階段會帶給你真正的平安，因它全面反映出天堂的境界。此後，天堂之路會愈來愈寬敞而平坦。其實，天堂就在此時此地。真正平安的心靈還會想「去」什麼地方？他豈會放棄平安而去追求更好的東西？還會有什麼東西比平安更值得追求？

奇蹟資訊中心
出版系列：

《奇蹟課程》
（A Course in Miracles）──新譯本

《奇蹟課程》是二十一世紀的心靈學寶典，更是近年來各種心理工作坊或勵志學派的靈感泉源。中文版已在 1999 年由若水譯出，並由作者海倫・舒曼博士所委託的「心靈平安基金會」出版。

新譯本乃是根據「心靈平安基金會」2007年所出版的「全集」，也是原譯者若水在「教」「學」本課程十年之後再次出發的精心譯作。全書分為三冊：第一冊：〈正文〉；第二冊：〈學員練習手冊〉；第三冊：〈教師指南〉、〈詞彙解析〉以及〈補編〉的「心理治療」與「頌禱」二文。新譯本網羅了《奇蹟課程》所有的正式文獻，使奇蹟讀者從此再無滄海遺珠之憾。（全書三冊長達 1385 頁）

《奇蹟課程》
〈學員練習手冊〉新譯本隨身卡

《奇蹟課程》第二冊〈學員練習手冊〉共三百六十五課，一日一課地，在力求具體的操練中，轉變讀者看事情的眼光，解開鬱積的心結。

若水由十餘年的奇蹟課程教學譯審經驗出發，全面重譯這部曠世經典。新譯版一本經典原文的精確度，語意更為清晰，文句更加流暢。精煉再三的新譯文，吟誦之，琅琅上口，饒富深意，猶如親聆J兄溫柔明晰的論述，每天化解一個心結，同享奇蹟。

為方便現代人在忙碌生活中操練每日一課，經三修三校的重譯版，首度以隨身卡形式發行，以頂級銅西卡精印，紙版尺寸 8.5 × 12.6 公分，另有壓克力卡片座供選購。（全套卡片共 250 張）

奇蹟課程導讀與教學系列

《奇蹟課程》雖是一部自修性的課程，只因它的理論架構博大精深，讀者常易斷章取義而錯失精髓，故奇蹟資訊中心陸續推出若水的導讀系列、米勒導讀，以及一階理論基礎及二階自我療癒DVD、其他演講錄音或錄影教材，幫助讀者逐漸深入這部自成一家之言的思想體系。

若水導讀系列

（一）《創造奇蹟的課程》（全書 272 頁）
（二）《生命的另類對話》（全書 272 頁）
（三）《從佛陀到耶穌》（全書 224 頁）

若水在這三冊中，解說《奇蹟課程》的來龍去脈與理論架構，透過問答的形式，說明崇高的寬恕理念如何落實於生活中；最後透過《奇蹟課程》的理念，闡釋佛陀和耶穌這兩束東西方信仰系統的象徵，在實相裡並無境界之別，而只有人心的「小我分裂」與「大我一體」的天壤之隔。

米勒導讀
《奇蹟半生緣》

一位慧心獨具卻不得志的記者，三十多歲便受盡「慢性疲勞症候群」的折磨，群醫束手無策，他在走投無路之下，不禁自問：「究竟是誰把我這一生搞得這麼慘？」

《奇蹟課程》讓他看到，自己竟是一切問題的始作俑者。他對這一答覆百般抗拒，直到有位心理治療師對他說：「恭喜你！你若讀得下這本書，大概就不需要心理治療了！」

《奇蹟半生緣》全書穿插作者派屈克・米勒浮沉人生苦海的經歷，但他並不因此獨尊自身的經驗和詮釋，而以記者客觀實証的精神，遍訪散居全美各地的奇蹟講師與學員，甚至傾聽圈外人的質疑。本書可說是一部美國奇蹟團體的成長紀實。（全書 319 頁）

奇蹟課程有聲教學教材

奇蹟資訊中心歷年發行《奇蹟課程》譯者若水的演講錄音或錄影光碟，將《奇蹟課

程》的抽象理念與現實生活銜接起來，幫助讀者了解《奇蹟課程》的精髓所在，是奇蹟學員不可或缺的有聲輔讀教材，由於教材內容每年不盡相同，欲知詳情，請上網查詢。www.acimtaiwan.info 奇蹟課程中文網站 www.qikc.org 奇蹟課程中文部簡体網

肯恩實修系列

《奇蹟原則50》

許多讀者久仰《奇蹟課程》之盛名，興沖沖地讀完短短的導言後，就怔忡在一條一條有如天書的「奇蹟原則」之前。讀了後句忘前句，「奇蹟」的概念好似漂浮在字裡行間，始終無法在腦海中落腳，以至於閱讀了一兩頁之後便後繼無力，難以終篇，竟至棄書而逃。

「奇蹟原則」前後五十條，其實是整部課程的濃縮，若無明師指點，讀者通常都不得其門而入。於今多虧奇蹟泰斗肯尼斯旁徵博引，以深入淺出又幽默的答問形式，將寬恕與奇蹟的精神落實於生活中，為初學者乃至資深學員提供了一個實修的指標。（全書209頁）

《終結對愛的抗拒》

追尋心靈成長的人，學到某個階段往往面臨一個瓶頸：儘管修習多年，一遇到某種挑戰，就不自覺地掉回原地，因而自責不已。問題到底出在哪裡？

佛洛依德在他的臨床經驗中，驚異地發現，病人的潛意識中有「拒絕療癒」的本能，肯尼斯根據《奇蹟課程》的觀點，犀利地剖析人們「拒絕療癒或轉變」的原因，又仁慈地為讀者指出穿越小我迷霧的關鍵，由停滯不前的窘境中突圍。對於追尋心靈成長和平安的人而言，本書不但有提點指授的功效，更有當頭棒喝的力道。（全書109頁）

《親子關係》

坊間論及親子問題的書籍可謂汗牛充棟，泰半繞在親子關係複雜且微妙的糾結情懷，唯獨肯尼斯‧霍布尼克不受表象所惑，借用《奇蹟課程》的透視鏡，澈照出親子之間愛恨交織的真正關鍵。

本書表面上好似在答覆「如何教養子女」、「如何對待成年子女」以及「如何照顧年邁雙親」等具體問題，它其實是為每一個人點出我們在由「身為兒女」，到「照顧兒女」，繼而「照顧雙親」的艱苦過程中，以及我們轉變知見時必然經歷的脫胎換骨之痛。（全書238頁）

《性‧金錢‧暴食症》

在紛紜萬象的世界裡，性、金錢與食物可說是人生問題的「重頭戲」，最易牽動小我的防衛機制，故也最具爭議性。作者肯恩沿用《奇蹟課程》中「形式與內涵」的層次觀念，針對性、金錢等等所引發的光怪陸離現象（形式），揭露它們背後一貫的目的（內涵）——小我企圖藉無止盡的生理需求，抹滅心靈的存在，加深孤立、匱乏、分裂等受害感，最後連吃飯、賺錢與性交都可能變成一種攻擊的武器。

肯恩與學員的趣味問答，反映出我們日常是如何受制於這些生理需求的；然而，我們也能藉聖靈之助，將現實挑戰化為人生教室，將小我怨天尤人的陰謀，轉為寬恕與結合的工具。（全書196頁）

《仁慈——療癒的力量》

這是一部針對奇蹟教師及資深奇蹟學員的實修指南。全書分上下兩篇，上篇列舉奇蹟學員常有的現象，例如以奇蹟之名攻擊他人，或以善意為由掩蓋自己批判的心態；下篇探討如何用仁慈的眼光來看待自己與他人的缺陷，教我們將自身的限制或缺陷轉為此生的「特殊任務」，在人間活出寬恕的見證，成為聖靈推恩的管道。（全書251頁）

《逃避真愛》

本書是針對道理全懂卻難以突破的資深學員而寫的，它一針見血地指出，綑綁我們修行腳步的，不是世界的黑暗，也非人間的牽絆，而是自己打造出來的一道心牆。

只因我們深怕真愛會消融了自己的特殊性，故把心靈最深的渴望隱藏到心牆之後，與之「解離」，在人間展開一場虛虛實實又自相矛盾的追尋。一邊痛恨小我的束縛，一邊又忙著為小我說項；以至於內心有一部分奮力向前，另一部分則寧可原地觀望。藉著裝傻、扭曲、辯駁，把回歸真愛的單純選擇

渲染成複雜又艱深的學問。

《逃避真愛》溫柔地解除了人心無需有的恐懼，讓我們明白心牆的「不必要」，陪伴我們無咎無懼地跨越過去。（全書156頁）

《假如二二得五》

從古至今，多少人心懷救苦救難的大志，傾注一生之力貫徹自身理想，卻往往受現實所囿而終不能及。我們這些凡夫俗子，亦不乏拼搏自救之心，然而在現實面前，還是屢屢敗陣，活得憋屈而無奈。問題究竟出在哪裡？

對此，本書剴切提出：整個世界其實一直按照 $2+2=4$ 的「鐵律」來運作，萬物循著固定的軌跡盈虧盛衰，一切可謂「命中註定」，無怪乎歷史上的種種救世之舉皆以失敗告終。然而，《奇蹟課程》識破世界的詭計，小我既然使出 $2+2=4$ 的苦肉計，它便祭出 $2+2=5$ 的救贖原則，破解小我編織的羅網，溫柔地引領我們走出世界的幻境。本書即是教導我們，如何在貌似 $2+2=4$ 的世界活出 $2+2=5$ 的生命氣象，而且更進一步，迎向天地間唯一真實的等式 $1+1=1$。（全書171頁）

《駱駝・獅子・小孩》

本書書名出自德國哲學家尼采的代表作《查拉圖斯特拉如是說》裡的「三段蛻變」──駱駝、獅子、小孩。這則寓言提綱挈領地勾勒出靈性的發展過程，尼采的幾項重要論點，包括強力意志、超人、永劫輪迴，也在肯恩博士精闢的詮釋之下，與奇蹟學員熟悉的抉擇心靈、資深上主之師、小我運作模式等觀念相映成趣。

肯恩博士為奇蹟學員引薦這位十九世紀天才的作品，企盼在大家為了化解分裂與特殊性而陷入苦戰之際，可以由這本書得到鼓舞和啟發。我們終將明白，唯有「一小步又一小步」的前進，從駱駝變成獅子，再進一步蛻變為小孩，不跳過任何一個階段，才能抵達最後的目標。（全書177頁）

肯恩《奇蹟課程釋義》系列

《奇蹟課程序言行旅》

如果說《奇蹟課程》是一首曠世交響曲，《序言》便奠定了整首樂曲的氣質與基調，不僅鋪敘出奇蹟交響樂的關鍵理念，還將讀者提界到奇蹟形上思想的高度和意境，堪稱《正文行旅》最佳的暖身之作。

肯恩有如一流的樂評家，領著讀者，在宏觀處，領受樂章磅礴的主旋律，在微觀處，諦聽暗藏其中的千百種變奏，致其廣大，盡其精微，深入課程之堂奧，回歸心靈之家園。（全書121頁）

《正文行旅》（陸續出版中）

《奇蹟課程》在人類靈性進化史上的貢獻可謂史無前例，而《正文行旅》乃是《奇蹟課程釋義》三部曲的完結篇。肯恩由文學，詩體，音樂三重角度，依循各章節的主題，提供了「重點式」以及「全面性」的導覽，幫助學員深入奇蹟三昧，沉浸於智慧與慈悲之海。

這部行旅可說是肯恩一生教學的智慧結晶，奇蹟學員浸潤日久，必會如他所願：奇蹟，發自心靈，必將流向心靈。（第一冊335頁）

《學員練習手冊行旅》（陸續出版中）

整套《奇蹟課程釋義》的問世，可說是無心插柳。1998年起，肯恩應學生之請，為〈學員練習手冊〉做了一系列的講解，基金會將研讀錄音增編彙整為逐句詮釋的〈練習手冊行旅〉。此案既定，〈正文行旅〉以及〈教師指南行旅〉應運而生，為奇蹟學員提供了最完整且精闢的修行指針，訂名為《奇蹟課程釋義》，幫助學員將〈正文〉理念架構所引伸出來的教誨，運用到現實生活中。這三部《行旅》，可說是所有踏上奇蹟旅程的學員最貼心的夥伴。

《學員練習手冊行旅》的宗旨，乃是幫助奇蹟學員了解三百六十五課的深意，以及它們在整部課程中的作用。更重要的是，幫助學員將每日一課運用於現實生活中，否則《奇蹟課程》那些震古鑠今之言可謂枉費唇舌，徒然淪為一套了無生命的學說。（第一冊346頁，第二冊292頁，第三冊234頁，第四冊337頁）

《教師指南行旅》
（共二冊，含《詞彙解析行旅》）

〈教師指南〉是《奇蹟課程》三部書的最後一部，它以「如何才是上主之師」為主軸，提綱挈領地梳理出〈正文〉的核心觀念，全書以提問的形式鋪敘而成，為其他兩部書作了最實用的補充。

肯恩在逐句解說〈教師指南〉時，環繞著兩個主題：「個別利益」對照「共同福祉」，以及「向聖靈求助」。因為若不懂得向聖靈求助，我們根本學不會「共享福祉」這門功課。當然，全書也穿插不少副題，如「形式與內涵」、「放下判斷」等等，就像貝多芬的偉大樂章那樣，不時編入數小節旋律，讓主題曲與變奏曲銜接得更加天衣無縫。肯恩說：「我希望藉由本書讓學員看出，耶穌是如何高明地把他的基本訊息串連為一個整體，一如交響樂以主旋律與變奏曲那般交叉呈現、迴旋反覆地將我們領上心靈的旅程。」（第一冊337頁）（第二冊310頁）

其他出版品

《寬恕十二招》

《寬恕十二招》的作者保羅‧費里尼，有鑑於人們的想法與情緒反應模式，早已定型僵化，成了一種「癮」，不是一朝一夕可以化解得掉的。因此，他將《奇蹟課程》的寬恕理念，分解為十二步驟，一步一步地引導我們超越自卑、自責以及過去的創傷，透過自我寬恕而領受天地的大愛。這是所有準備好負起自我治癒之責的人必讀的靈修教材，也是曠世靈修經典《奇蹟課程》的輔讀書籍。（全書110頁）

《無條件的愛》

作者保羅‧費里尼繼《寬恕十二招》之後，另以老莊的散文筆法，細細描述我們每一個人心中都擁有的「無條件的愛」。他由大我的心境出發，以第一人稱的對話方式，直接與讀者進行心與心的交流，喚醒我們心中沉睡已久的愛，開啟那被遺忘的智慧。此書充滿了「醒人」的能量，是陪伴你走過人生挑戰的最好伙伴。（全書215頁）

《告別娑婆》

宇宙從哪兒來的？目的何在？我究竟是什麼？為什麼會在這裡？我要往哪裡去？我該怎麼活在這個世界裡？當你讀完本書，會有一種「千年暗室，一燈即亮」的領悟。

全書以睿智而風趣的對話談當今世局、原子彈爆炸，一直說到真愛、疾病、電視新聞、性問題與股價指數等等，讓我們對複雜詭異的人生百態，頓時生出「原來如此」的會心一笑。它說的雖全是真理，讀起來卻像讀小說一樣精彩有趣，難怪一問世便成了西方出版界的新寵。（全書527頁）

《一念之轉》

作者拜倫‧凱蒂曾受十餘年的憂鬱症所苦，一天早上，她突然覺悟到痛苦是如何形成又如何結束的。由此經驗中，她發明了四句問話的「轉念作業」（The Work），引導你由作繭自縛中徹底脫身，是一本足以扭轉你人生的好書。（全書448頁，附贈轉念作業個案VCD）

《斷輪迴》　阿頓與白莎回來了！

繼《告別娑婆》走紅之後，葛瑞的生活形態發生重大的轉變，也面臨了更多的挑戰。葛瑞仍是口無遮攔地談八卦、論是非、臧否名流，阿頓和白莎兩位上師在笑談棒喝中，繼續指點葛瑞如何在現實挑戰下發揮真寬恕的化解（undo）功能，徹底瓦解我執，切斷輪迴之根。（全書279頁）

《人生畢業禮》

本書是保羅與Raj在1991年的對話記錄。對話日期雖有先後，內涵卻處處玄機，不論由哪一篇起讀，都會將你導入人類意識覺醒的洪流。

Raj借用保羅的處境，提醒所有在人間孤軍奮鬥的人，唯有放下自己打造的防衛措施，才可能在自己的心靈內找到那位愛的導師。也唯有從這個核心出發，我們才會與所有弟兄相通，悟出我們其實是一個生命。（全書288頁）

《療癒之鄉》

《療癒之鄉》中文版由美國「獅子心基金會」委託台灣「奇蹟資訊中心」出版。

作者羅賓．葛薩姜把《奇蹟課程》深奧又慈悲的教誨化為一套具體的情緒啟蒙和心靈復健課程，協助犯罪和毒癮的獄友破除心理障礙，學習處理人與人之間的衝突，調整情緒，建立自信，切斷「憤怒→攻擊→憤怒」的惡性循環。《療癒之鄉》陪伴無數受刑人度過獄中歲月。

《療癒之鄉》也是為所有困在自己心牢裡的讀者而寫的。世間幾乎沒有一人不曾經歷童年的創傷、外境的壓迫，以及為了生存而形成種種不健康的自衛模式。獄友的心路歷程給予我們極大的啟發，鼓舞我們步上心靈療癒之路。（全書 440 頁）

《我要活下去》

這本書不只是一本鼓舞信心的療癒指南，還是一個女人把自己從鬼門關前拉回來的真實故事。

作者朱蒂．艾倫博士（Judy Edwards Allen, Ph.D.）原本是成功的專業顧問、大學教授、大學教科書作者，四十歲那年獲知罹患乳癌的「噩耗」，反而成為她生命的轉捩點，以清晰、熱情的文筆，記錄了她奮力將原始的求生意念成功地轉化為「康復五部曲」的歷程。讀者會看到她如何軟硬兼施地與醫生打交道，如何背水一戰克服無助感，又如何透過寬恕，喚醒內心沉睡已久的愛與生命力。最後，她終於超越自己對生死的執著，在這一場疾病與療癒的拔河大賽中，獲得了靈性的凱旋。（全書 280 頁）

《時間大幻劇》

人們對於時間，存在著種種截然不同的看法，比如：時間是良藥，可以癒合一切創傷；善惡終有報，只等時候到了；時間是無情的殺手，終將剝奪我們的一切……。人類早已視時間的存在為天經地義，戰戰兢兢地活在過去的懊悔、現在的焦慮和對未來的恐懼中。我們好似活在一座無形的牢籠裡，苟延殘喘，等待大限的到來。

《奇蹟課程》的泰斗肯恩博士曾說：「不了解時間，不可能讀懂《奇蹟課程》的。」他引經據典，將散落全書有關時間的解說，梳理出一個完整的思想座標，猶如點睛之龍，又如劃破文字叢林的一道靈光，讓我們一窺《奇蹟課程》的究竟堂奧（究竟

義）。此書可說是肯恩留給奇蹟資深學員最珍貴的禮物。（全書413頁）

《奇蹟課程誕生》

《奇蹟課程》的來歷究竟有何玄虛？為什麼它選擇經由海倫．舒曼博士來到人間？它的記錄方式及成書過程，與它傳給人類的訊息有何內在關係？有幸親炙此書的我們，又該如何延續奇蹟精神的傳承？

不論你只是好奇《奇蹟課程》的精采傳奇，還是有心以「史」為鑒，窮究奇蹟的傳承精神，本書都提供了最可靠的第一手資料。作者因與茱麗、海倫與比爾等人交往密切，故受這些開山元老之託，冷靜而客觀地梳理《奇蹟課程》的記錄及成書經過，佐以三位奇蹟元老的親筆自白，融鑄成一部信實可徵的《奇蹟課程》誕生史，帶領讀者重新走過五十年前那段精采神奇的心靈歷程。（全書195頁）

《飛越死亡的夢境》

本書榮獲美國出版界著名的「活在當下書籍獎」（Living Now Book Awards），全書以嶄新的視角詮釋曠世靈修經典《奇蹟課程》的教誨，為讀者剴切指出「起死回生」的著力點。

作者特別選取在人間每個角落不時作祟的「死亡陰影」入手，揭露小我抵制永恆生命的伎倆。作者以親身的經歷為奇蹟作證，並且提供了極其實用的反省練習，解除我們潛意識中對死亡的恐懼，為百害不侵的生命本質開啟了一扇門，真愛與喜悅得以流過人間，讓奇蹟成為日常生活裡「最自然的事」。（全書524頁）

國家圖書館出版品預行編目資料

駱駝‧獅子‧小孩／肯尼斯‧霍布尼克博士
（Kenneth Wapnick）著；林妍蓁、若水譯 -- 初版 --
台中市：奇蹟課程‧奇蹟資訊中心，2020.07
　　　　面；　　　公分
　　　　譯自：The Stages of Our Spiritual Journey
　　　ISBN 978-986-98554-3-3（平裝）

　　1. 靈修

192.1　　　　　　　　　　　　　　　　109008982

感謝美國F.M.T.女士贊助「肯恩實修系列」之出版

駱駝‧獅子‧小孩
The Stages of Our Spiritual Journey

作　　者：肯尼斯‧霍布尼克博士（Kenneth Wapnick, Ph.D.）
譯　　者：林妍蓁　若　水
責任編輯：李安生
校　　對：李安生　黃真真　吳曼慈
封面設計：林春成
美術編輯：陳瑜安工作室
出　　版：奇蹟課程有限公司‧奇蹟資訊中心
　　　　　桃園市光興里縣府路 76-1 號
聯絡電話：(04) 2536-4991
劃撥訂購：帳號 19362531　戶名 劉巧玲
網　　址：www.acimtaiwan.info
電子信箱：acimtaiwan@gmail.com

印　　刷：世和印製企業 (02) 2223-3866
經銷代理：聯合發行公司
　　　　　　電話 (02) 2917-8022 # 162
　　　　　　　　 (03) 212-8000 # 335

定　價：新台幣 240 元
2020 年 7 月初版

ISBN　978-986-98554-3-3
【版權所有‧翻印必究】
（缺頁或破損的書，請寄回更換）